KB236377

음악 바보 부부의 레코드 30장

Turn! Turn! Turn!

글·그림 ㅣ KATH (권민지)

일러두기

· 이 책의 제목은 밴드 The Byrds의 'Turn! Turn! Turn!'(1965)에서 따왔습니다.
· 책 표지는 DJ Shadow의 <Endtroducing.....>(1996) 재킷을 오마주하였습니다.
  실제로 재킷 뒷면에는 귀여운 고양이가 있습니다.
· 책에 수록된 앨범은 순위와 무관하게 선정하였습니다.
· 앨범, 영화, 도서명은 < >로, 곡 제목과 고유 명사, 강조 표현 등은 ' '로 표기하였습니다.
· Punk는 펑크, Funk는 훵크라고 한글 표기하였습니다.
· 아티스트명은 외래어 표기법에 따랐고, 처음 나올 때만 영어와 병기하였습니다.

음악 바보 부부의 레코드 30장

턴! 턴! 턴!

Turn! Turn! Turn!

글·그림 ㅣ KATH (권민지)

TRACKLIST

레코드를 좋아하세요?

*<Déjà Vu> - Crosby, Stills, Nash & Young (1970)

*'파다'를 뜻하는 영단어 디그(dig)에서 유래. 레코드를 찾는 행위.

레코드 구매 시 새 상품인 경우는 상관없지만,
중고인 경우는 아래 구성이 모두 있는지 확인합니다.

레코드판(Media)과 겉 재킷(Sleeve) 같은 경우
흔히 6단계로 분류되어 가격이 매겨집니다.

*한국을 포함한 영국 중심의 등급 표기. 미국의 음반 전문 잡지 <Goldmine> 기준에서는 EX가 제외된다.

*40g 두께의 살짝 불투명한 무독성 PE 커버를 사용한다.

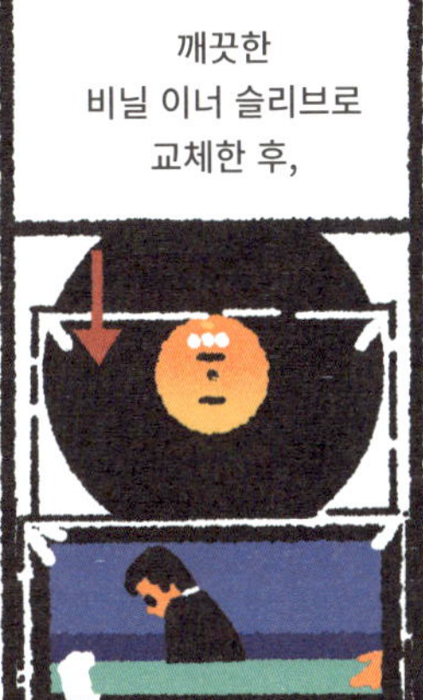

이렇게 우리 부부에게
음반 모으기란
하나의 놀이이자 재미입니다.
앨범을 크게 보니 더 좋더라!

혹시 음반을 모으는 중이거나
막 입문하셨나요?

그럼, 우리 부부와 함께
수다 떨어 봐요.

컬렉팅 라이프가 두 배로 즐거워질 거예요.

알면 알수록
매력이 넘쳐나는
바이닐 레코드의 세계!

저희 부부의
이야기도 함께
들려드릴게요!

턴테이블과 레코드

1 턴테이블을 파헤쳐 보자

플래터
(Platter)

레코드를 올려놓는 판. 모터의 신호를 받아 회전한다.

7인치 어댑터
(7 inch Adapter)

7인치 싱글의 큰 구멍에 끼워 재생할 수 있게 돕는 작은 장치.

플린스
(Plinth)

턴테이블의 본체. 모터 및 지면에서 발생하는 진동을 LP 재생에 영향이 가지 않도록 흡수한다.

스트로브
(Strobe)

플래터의 점 무늬를 통해 회전 속도를 눈으로 확인할 수 있는 장치.

전원 버튼
(On/Off Button)

턴테이블의 전원을 켜고 끌 수 있다.

재생 버튼
(Start Button)

플래터가 회전하여 레코드를 재생하게 한다.

RPM 설정 버튼
(Speed Selector)

33과 1/3 회전 혹은 45회전의 속도를 선택할 수 있다.

무게추
(Counterweight)
카트리지가 레코드의 소리골을 누르는 힘을 조절한다.

톤암 높낮이 조절 장치
(Tonearm Height Adjustment)
카트리지와 레코드가 수평을 이루도록 높낮이를 조절한다.

안티 스케이트
(Anti-Skate)
레코드가 재생되는 동안 톤암이 중앙으로 치우치지 않도록 한다.

암 리프터
(Arm-Lifter)
톤암을 안전하게 들고 내릴 수 있게 해준다.

톤암
(Tonearm)
카트리지와 바늘을 지탱하며, 바늘이 음반 위를 정확한 압력과 각도로 따라가도록 도와주는 장치.

피치 컨트롤
(Pitch Control)
플래터의 회전 속도를 조절할 수 있다.

타깃 라이트
(Target Light)
어두운 환경에서 보조적인 빛 역할을 한다.

헤드쉘 (카트리지+스타일러스)
Headshell (Cartridge+Stylus)
전기 신호를 받아 레코드의 소리골을 읽는다.

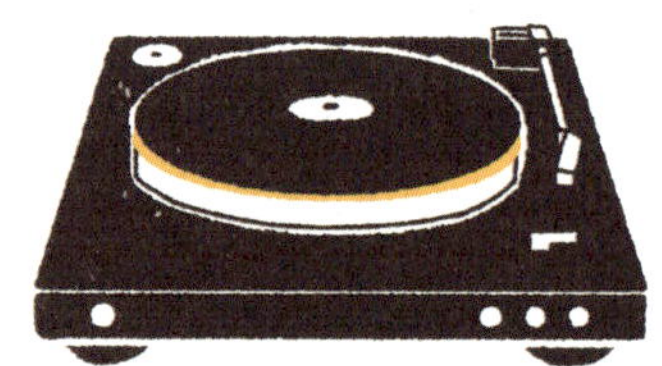

장점

❶ 플래터로 전달되는 모터의 진동이 덜하다.

 → 다이렉트 드라이브보다 나은 음질로 청취가 가능하다.

❷ 입문용의 저가형과 전문가용의 고가형 중에 선택할 수 있다.

단점

❶ 회전하는 벨트가 닳는 경우가 있어 교체가 필요하다.

❷ RPM 속도 변경은 가능하지만 피치 컨트롤이 없다.

❸ 균일한 속도로 재생하기까지 시간이 조금 걸린다.

장점

❶ 속도를 제어할 수 있는 피치 컨트롤러가 있어 디제잉에 용이하다.

❷ 벨트형보다는 빠르게 정속도로 재생이 가능하다.

　→ 빠른 시작과 정지가 가능하다.

단점

모터의 진동이 바늘로 바로 전달되기 때문에 음질에 영향을 줄 수 있다.

→ 클래식 같은 섬세한 청취에는 벨트형보다 덜 적합하다.

* 모터의 회전으로 고무 바퀴가 돌아가며 재생되는 아이들러 휠(Idler-wheel) 턴테이블도 있습니다.

자동형 턴테이블
(Automatic Turntable)

자동으로 레코드 재생이 가능한 턴테이블

턴테이블 재생 방식은 크게 **자동형 / 수동형 / 자동+수동 겸용**이 있습니다.
제가 입문하면서 구매한 턴테이블은 저가형의 **자동형 벨트 드라이브**였습니다.

장점

시작 버튼을 누르면 톤암이 자동으로 1번 트랙으로 이동해 재생하고,
곡이 끝나면 알아서 제자리로 복귀하며 모터가 정지한다.
→ 편리함의 극대화!

단점

❶ 고가형으로 갈수록 자동형이 없다.
❷ 여러 기계 부품이 추가로 더해지다 보니 고장 날 확률이 높다.
❸ 기계 윤활이 되지 않으면 소리가 섞일 수 있다.

오래 방치하면 고무가 경화되기도 하지만
벨트가 고장 나는 일은 거의 없습니다.

3 턴테이블을 세팅해요

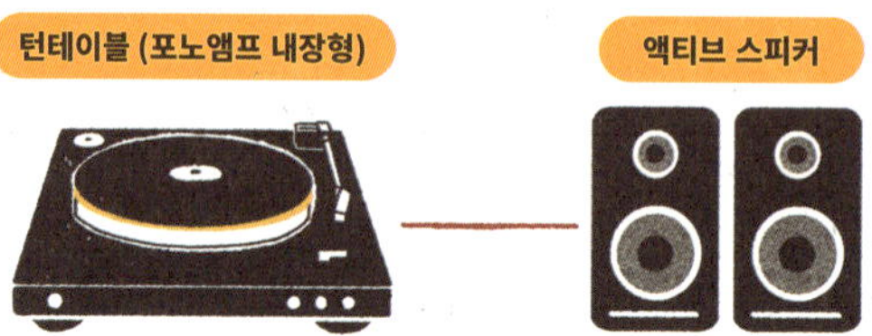

초심자들에게 제일 쉬운 입문용은 **포노앰프**가 내장되어 있는 **턴테이블**입니다.
앰프가 내장된 **액티브 스피커**에 바로 연결해서 사용할 수 있죠.

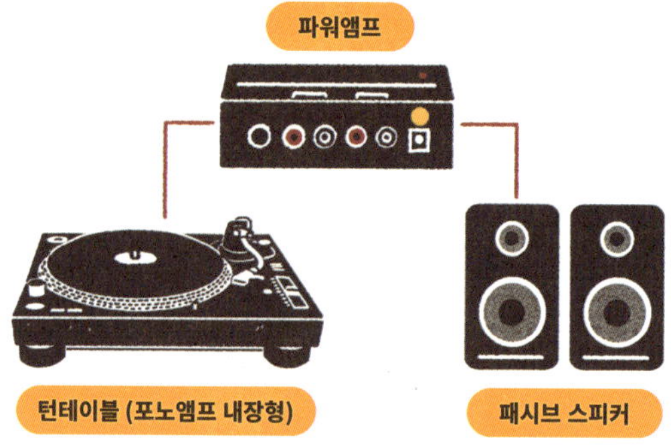

포노앰프가 내장된 턴테이블이 있고 사운드를 커스터마이징하고 싶을 땐?
앰프 따로, **패시브 스피커** 따로 **Aux 선**에 연결해 줍니다.
즉, 액티브 스피커의 구성을 분해했다고 보면 돼요.

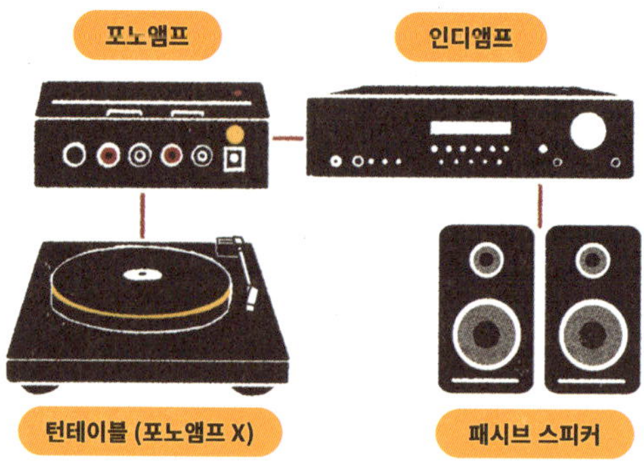

턴테이블에 포노앰프가 내장되어 있지 않다면? **포노앰프**를 따로 연결해 줍니다.

스피커 하나에 턴테이블과 CD, 카세트, 블루투스 모두 연결해서 듣고 싶다면?
리시버를 추가로 연결해 주면 됩니다.

포노앰프
(Phono Amplifier)

카트리지의 미세한 전기 신호를
앰프에서 처리 가능하도록 키워주는 역할을 한다.

프리앰프
(Pre-Amplifier)

파워앰프로 가기 전 원래의 소리를 증폭시키거나
톤을 선택할 수 있다.

파워앰프
(Power Amplifier)

스피커를 작동시킬 만큼 전기 신호를 크게 증폭시킨다.

인티앰프
(Integrated Amplifier)

프리앰프와 파워앰프가 합쳐진 형태.

리시버
(Receiver)

인티앰프에 라디오 튜너가 추가로 달린 형태.

액티브 스피커
(Active / Powered Speaker)

❶ 파워앰프가 내장되어 혼자 소리를 증폭시켜 들려준다.
❷ 블루투스는 물론 AUX와 USB 입력이 가능하다.
❸ 패시브 스피커에 비해 합리적인 가격대로 구할 수 있고
   설치가 용이하다.

패시브 스피커
(Passive Speaker)

❶ 전원 선이 없고 자체적으로 소리 증폭을 할 수 없어
   별도의 앰프가 필요한 스피커.
❷ 다양한 종류의 앰프를 추가하여 소리 커스터마이징이
   가능하고 높은 사양의 세팅을 원할 때 적합하다.

*앰프나 리시버 중 포노앰프 내장형이 있기도 해요.

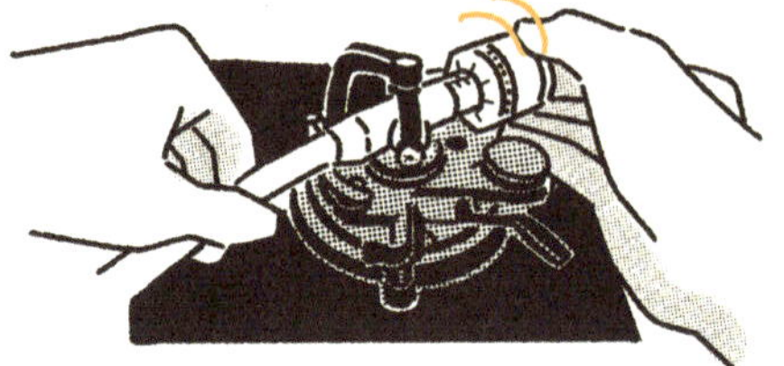

❶ 무게추를 조절하여
톤암이 수평을 이루도록
무게를 맞춥니다.

바늘이 매트 바닥에 놓여있지도,
너무 떠있지도 않게요.

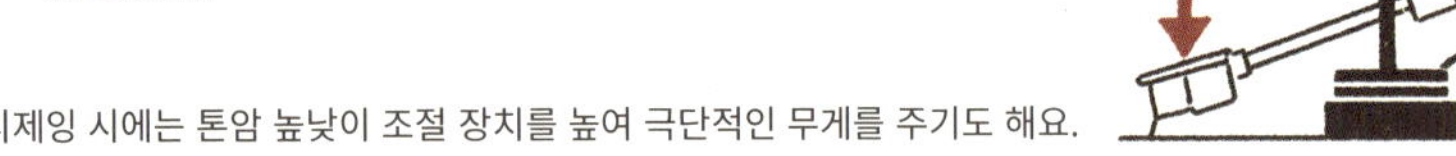

*디제잉 시에는 톤암 높낮이 조절 장치를 높여 극단적인 무게를 주기도 해요.

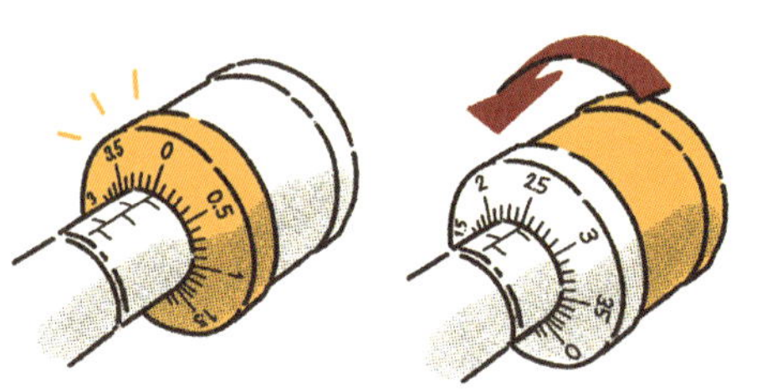

❷ 눈금이 적힌 앞 레버를 돌려
숫자를 0으로 맞춥니다.

❸ 무게추가 달린 뒤쪽 레버를
스타일러스 제조사가
권장하는 숫자로 돌려줍니다.

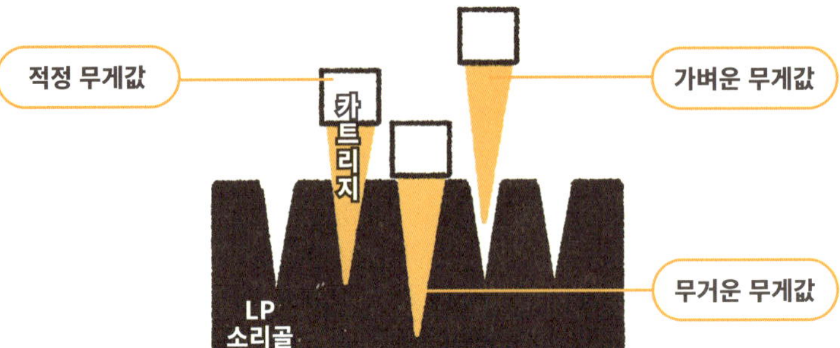

침압을 너무 무겁게 설정하면 판이 금세 상할 수 있고,
가볍게 설정하면 판 위의 작은 이물질에도 바늘이 쉽게 미끄러질 수 있습니다.
적정 침압일 때 음질이 좋아요.

안티 스케이트(Anti-Skate) 세팅법

레코드가 회전하면 구심력에 의해 **바늘이 자연스럽게 중앙으로** 향합니다.
중앙으로 가는 힘이 강하다면 **소리골의 한 면만 닳는다거나**
바늘이 미끄러지는 일이 생기겠죠.

구심력의 반대 방향으로 밀어주는 역할을 하는 것이 **안티 스케이트**입니다.

보통 무게추와 같은 숫자로 맞춰줍니다.
무게를 2.5로 맞췄다면 안티 스케이트도 2.5로 맞추면 되는 거죠!

스트로브는 플래터의 점에 빛을 비춰서
정속도로 재생이 되고 있는지 확인시켜 주는 장치입니다.
제품마다 유무 및 위치가 다릅니다.

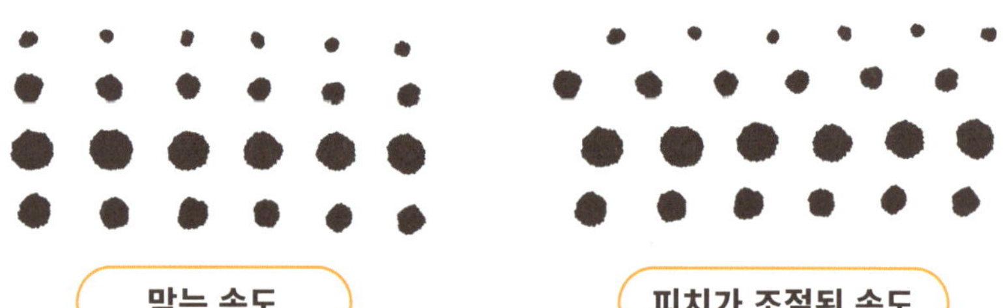

맞는 속도

피치가 조절된 속도

정속도일 경우 동그란 점이 움직이지 않고,
제 속도가 아닐 경우 점이 왼쪽 혹은 오른쪽으로 움직입니다.

특히, 디제잉 등 어두운 공간에서 턴테이블을 재생할 때
스트로브에서 나오는 불빛으로 속도 체크가 가능합니다.

스타일러스 교체는 불가능하지만 고급진 오디오를 위한 'MC 카트리지'와
스타일러스 교체가 가능하여 일반적으로 많이 사용되는 'MM 카트리지'가 있습니다.

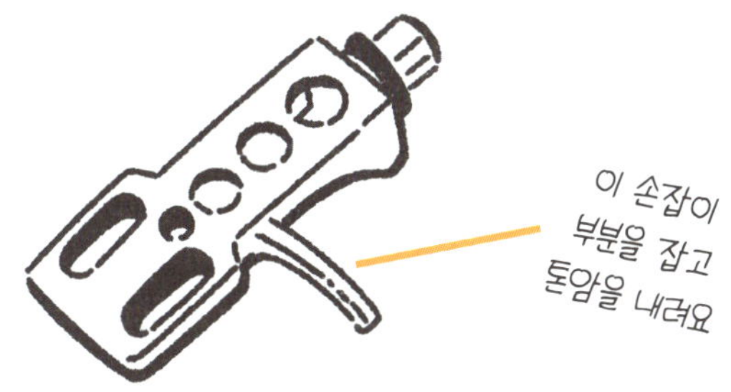

헤드쉘은 톤암에 카트리지를 연결해 주는 역할을 합니다.
또, 바늘을 쉽게 들어 올리고 내릴 수 있게 해주죠.

위와 비슷한 이유로,
턴테이블은 **진동에 민감**하기 때문에
보통 한 테이블에 스피커와 함께 두지 않아요.

같이 놓고 들어도 크게 상관없지만
섬세하게 듣기 위해서는 따로 배치하는 게 좋습니다.

혹시 판 구매 후 집에서 재생했을 때
튀는 현상이 발생해서

구매했던 음반 가게에 도로 가져갔더니
멀쩡했던 경험이 있지 않았나요?

그런 경우는
침압 설정의 문제일 확률이 높아요.

저가형 턴테이블은
무게추가 없는 경우가 대부분인데요,

모든 레코드가
같은 깊이의 소리골을
갖고 있지 않고

장르별 및 제작된 공장마다
설정 무게가 각기 다릅니다.

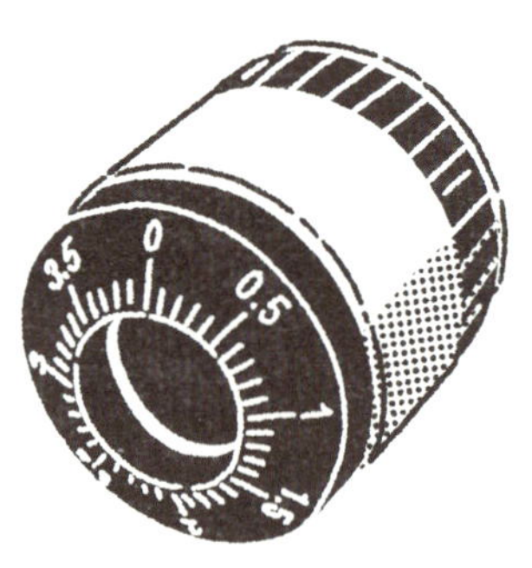

그렇기에 턴테이블에
침압을 조절할 수 있는 무게추가
톤암에 달려있는지 꼭 확인해 보세요.

혹은 LP 침압계를 통해
정밀한 설정이 가능해요.

또,
턴테이블을 놓은 곳의
수평이 맞는지 꼭 확인해 주세요.

카트리지를 교체할 수 있는지도 확인해야 합니다.

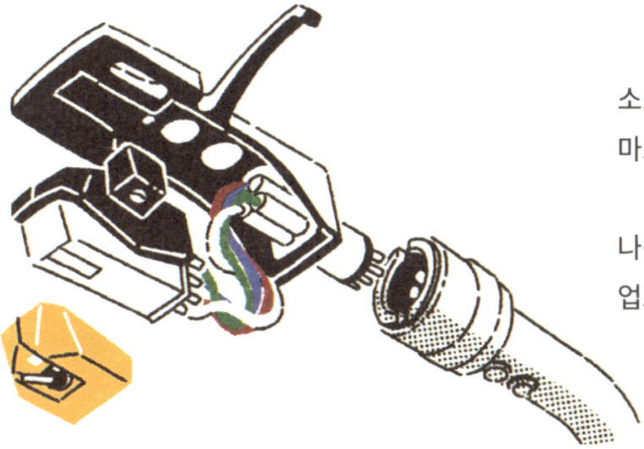

소모품인 스타일러스 바늘이
마모되면 새로 바꿔야 하고

나중에 카트리지만 따로
업그레이드가 가능하거든요.

* 개인의 기호에 따라 설정이 다를 수 있습니다. 위 이야기 모두 하나의 방법일 뿐 정답은 아니에요!

4 레코드의 종류

레코드는 1분에 33바퀴하고도 1/3회전을 하거나 45회전을 하기도 하는데요,
크기 및 회전 속도(RPM)에 따라 데이터 저장량과 음질에 차이가 있습니다.

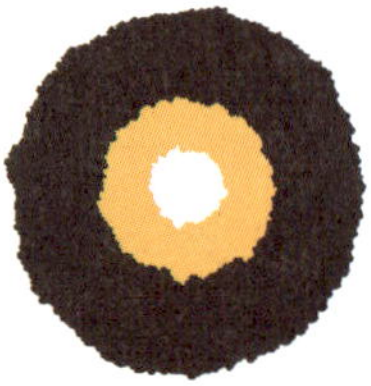

7인치 레코드

재생 속도	45 RPM
재생 시간	한 면당 약 5분
용도	- DJ들에게 홍보용으로 나눠주기 위한 싱글 레코드용 *- 주크박스(Jukebox) 재생용 - 일반 판매용 (일본, 유럽)

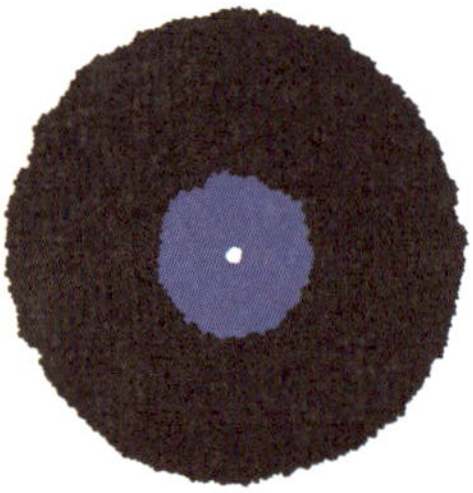

10인치 레코드

재생 속도	33 1/3 RPM
재생 시간	한 면당 약 12분
용도	- EP(Extended Play) 앨범 - 한정판 등

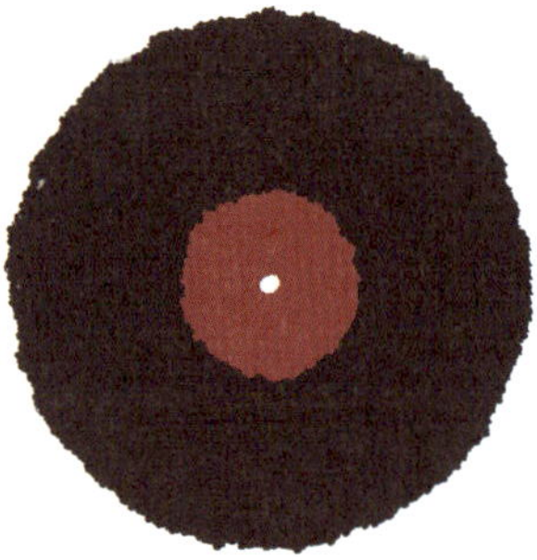

12인치 레코드

재생 속도	- 33 1/3 RPM - 45 RPM
재생 시간	- 33 1/3 RPM : 한 면당 약 22분 - 45 RPM : 한 면당 약 12분
용도	- 33 1/3 RPM : 정규 앨범 - 45 RPM : 싱글

* 주크박스 : 동전을 넣고 듣고 싶은 음악을 선택하면 7인치 음반으로 플레이해 주는 기계.
50~70년대에 식당이나 클럽, 바 등에 설치되어 있었다.

7인치 어댑터란?

생김새 때문에 흔히 '도넛'이라고 불리는
7인치 싱글 레코드는 **주크박스용**과 **일반 가정용**
두 가지 형태로 사용되었습니다.

가정용은 12인치 LP처럼 가운데 구멍이 작아
바로 턴테이블에 올릴 수 있었죠.

반면, 주크박스용은 중앙 구멍이 훨씬 커서
턴테이블에 고정하려면 **별도의 장치**가 필요했습니다.

이를 가정에서도 재생할 수 있도록
턴테이블에 7인치 어댑터가 내장되었는데요,

보통 하나만 있기 때문에 다른 음반을 들을 때마다
교체해야 하는 번거로움이 따랐습니다.

플라스틱으로 된 45 RPM 어댑터를 구매하여 싱글에 미리 끼워둔다면
매번 장착하지 않고 바로 재생할 수 있습니다.

* 어댑터를 직접 떼어 쓸 수 있도록 레코드에 딸려 나오는 경우도 있었습니다.

7인치 싱글은 재킷 유무에 따라 'Generic'으로 구분합니다.

주크박스용이나 라디오 방송용으로 제작된 프로모션 음반은
대부분 재킷 없이 출시되곤 했죠.

또한 1980년대 중반 CD가 대중화되고,
2000년대 이후 디지털 음원이 급성장하면서
커버나 패키지에 신경 쓸 필요가 점차 줄어들었습니다.

판매용이었던 일반 7인치 싱글은
정규 앨범과 다른 재킷 이미지가 담겨 있어요.

재킷이 없는 버전보다 가격은 비싸지만
새로운 커버 이미지를 보는 재미가 있답니다.

1 가수가 음원을 녹음하고
믹싱 작업을 합니다.

2 일반 스트리밍용과
피지컬 앨범용을
따로 마스터링 합니다.

마스터링을
별도로 하는 이유는
각 매체에서 낼 수 있는
고음역/저음역대가
다르기 때문이에요.

3 커팅 머신에
반들반들한 래커(Lacquer)
즉, 공디스크를 놓고
음원을 플레이합니다.

4 바늘에 소리가 전달되어
소리골을 기록하게 됩니다.

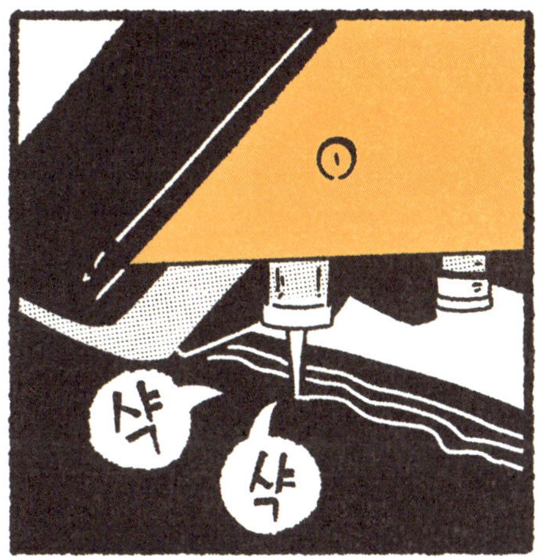

5 레코드 제일 안쪽에
누가 커팅했는지,
A면인지 B면인지,
LP 고유 넘버는 무엇인지 등
정보를 각인합니다.

6 여러 장을 찍을 수 있는
단단한 스탬퍼 틀을 뜨기 전에
마스터판을 반질반질하게
닦아줍니다.

먼지나 이물질이 있으면
스탬퍼에 그대로 찍혀
소리에 영향을 주기 때문입니다.

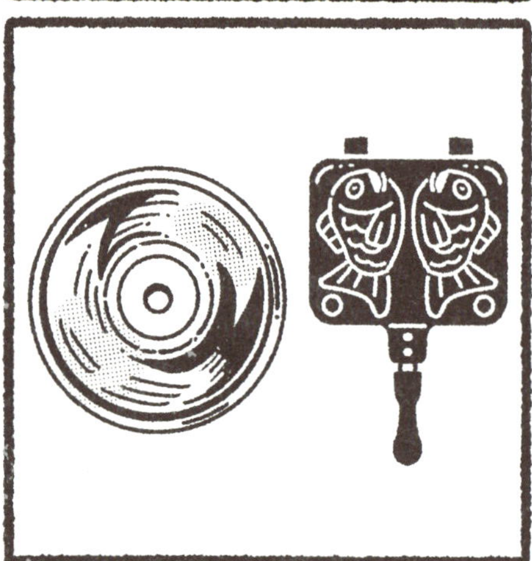

7 단단하게 도금된
스탬퍼를 A면, B면
따로 제작합니다.

이 틀을 이용하여
레코드를 여러 장
복제할 수 있습니다.

붕어빵 만드는 틀과
같은 거죠.

8 PVC 재질의
알갱이를 녹여 하나의
'퍽'으로 만듭니다.

하키 공을 뜻하는
'Puck'에서 이름을 따왔고,
비스킷(Biscuit)이라고도
불립니다.

플라스틱을 녹여 만든
뭉치인 만큼
매우 뜨거우니 주의해야 해요.

9 여러 색의
PVC 알갱이를 넣어
물감이 튄 듯한 디자인의
스플래터반을
제작할 수 있습니다.

10 인쇄된 이미지 위에
얇고 투명한 PVC를 올려
픽처 디스크를
만들 수도 있어요.

11 레코드의 정보를 담은
라벨지는 완전 건조를 위해
고온 열경화기 안에서
열을 가해줍니다.

이 과정에서 라벨지는
살짝 미색으로 변합니다.

12 뜨거운 김이 나오는
고압의 프레스 기계에
스탬퍼를 설치합니다.

퍽 위아래에
A, B면 라벨지를 놓습니다.

스티커로 붙이는 게 아니에요.

13 프레스 기계로
꾹- 눌러줍니다.

최적의 온도 및 압력으로
찍어줘야 해요.

PVC의 색상에 따라서
스팀의 온도가 모두 다릅니다.

14 PVC를 누르면서
끝부분에 생긴 불필요한
부분은 깔끔하게 잘라줍니다.

나중에 재활용할 수 있도록
모아 놓곤 해요.

15 무거운 쇠로
무게를 가하여
우글우글 휘지 않도록
눌러줍니다.

한 장의 레코드가 나오기까지 보통 40초 정도 소요됩니다.
그다음 패키지 인쇄물과 함께 동봉 후 포장하여 유통합니다.
우리가 아는 레코드가 탄생하는 순간이죠.

짜 ─ 잔!

CD나 휴대폰으로 바로 들을 수 있는 스트리밍에 비해
제작 과정이 번거롭지만, 아날로그만이 담을 수 있는
'과정의 힘'. 대단하지 않나요?

6 레코드를 정리해요

레코드를 정리해요

레코드는 쉽게 찾아 들을 수 있도록
가나다순, 알파벳순으로 정리합니다!
A B C

레코드가 상할 수 있으므로 사이사이
어느 정도 틈은 만들어 주세요.
A B C

위에서 아래로 쌓아두면
변형이 생길 수 있으니

꼭 세워서
보관합니다!

날 좀 일으켜줄래?

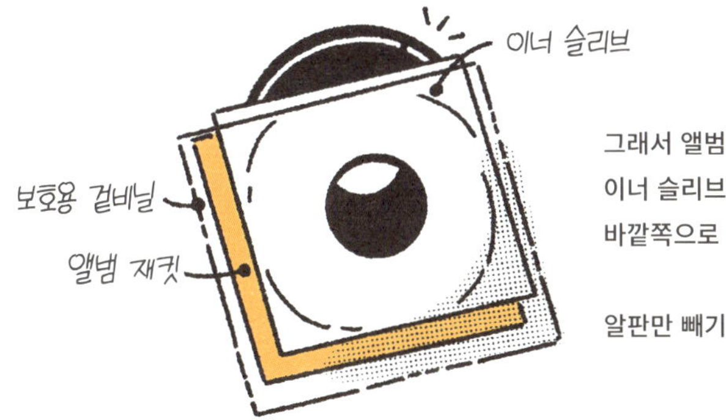

그래서 앨범 재킷 안에
이너 슬리브를 넣지 않고
바깥쪽으로 빼서 보관합니다.

알판만 빼기 쉽도록요.

레코드는 플라스틱(PVC)으로
만들어지기 때문에
열에 굉장히 취약합니다.

예전에는 온돌방에 방치돼
변형된 LP가 정말 많았대요.
뜨거운 방바닥 위에서
쉽게 손상됐던 거죠.

너무 덥거나 추운 환경에서
보관하지 않도록 합니다.

온도에 상한 바이닐은
모양이 평평하지 않고 울퉁불퉁해져
플레이에 방해를 받게 됩니다.

물론,
종이로 만들어진
레코드 커버는
습기에도 젬병입니다.

또, 알판 표면이 하얗게 변하는 백화 현상을 겪게 될 수도 있어요.

무독성 PE 커버를 사용하도록 합니다.
너무 두꺼운 비닐도 금물이에요!

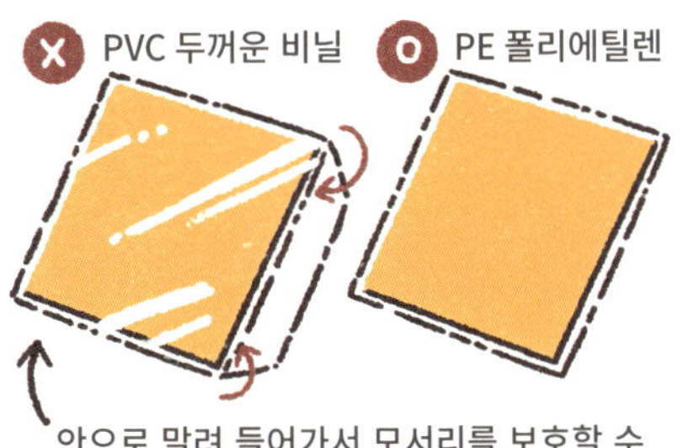

안으로 말려 들어가서 모서리를 보호할 수
있는 날개가 있고, 더 두껍고 반짝거려요.

음반을
재생했더니

잡음이
심하다면?

LP 세척용 라벨 보호기를 구매하여
주방 세제를 푼 물에
10분만 담가 불려보세요.

청취 전과 후에는
극세사 천으로 꼭 닦아줍니다.
보들~
보들~

또는 판에 붙은 먼지를
전용 브러시로 털어내고 재생해 보세요.
슥삭
슥삭

다 들었다면
꼭 제자리에 꽂아둡시다!

지금까지 저의 레코드 관리 방법이었습니다.
꼭 정답은 아니니 참고만 해주시고
즐거운 컬렉팅 라이프를 즐겨봅시다!

우리 부부는 비틀마니아

WALLS AND BRIDGES

BY JOHN LENNON (1974)

SIDE ONE

❶ Going Down on Love
❷ Whatever Gets You Thru the Night
❸ Old Dirt Road
❹ What You Got
❺ Bless You
❻ Scared

SIDE TWO

❶ #9 Dream
❷ Surprise, Surprise (Sweet Bird of Paradox)
❸ Steel and Glass
❹ Beef Jerky
❺ Nobody Loves You (When You're Down and Out)
❻ Ya Ya

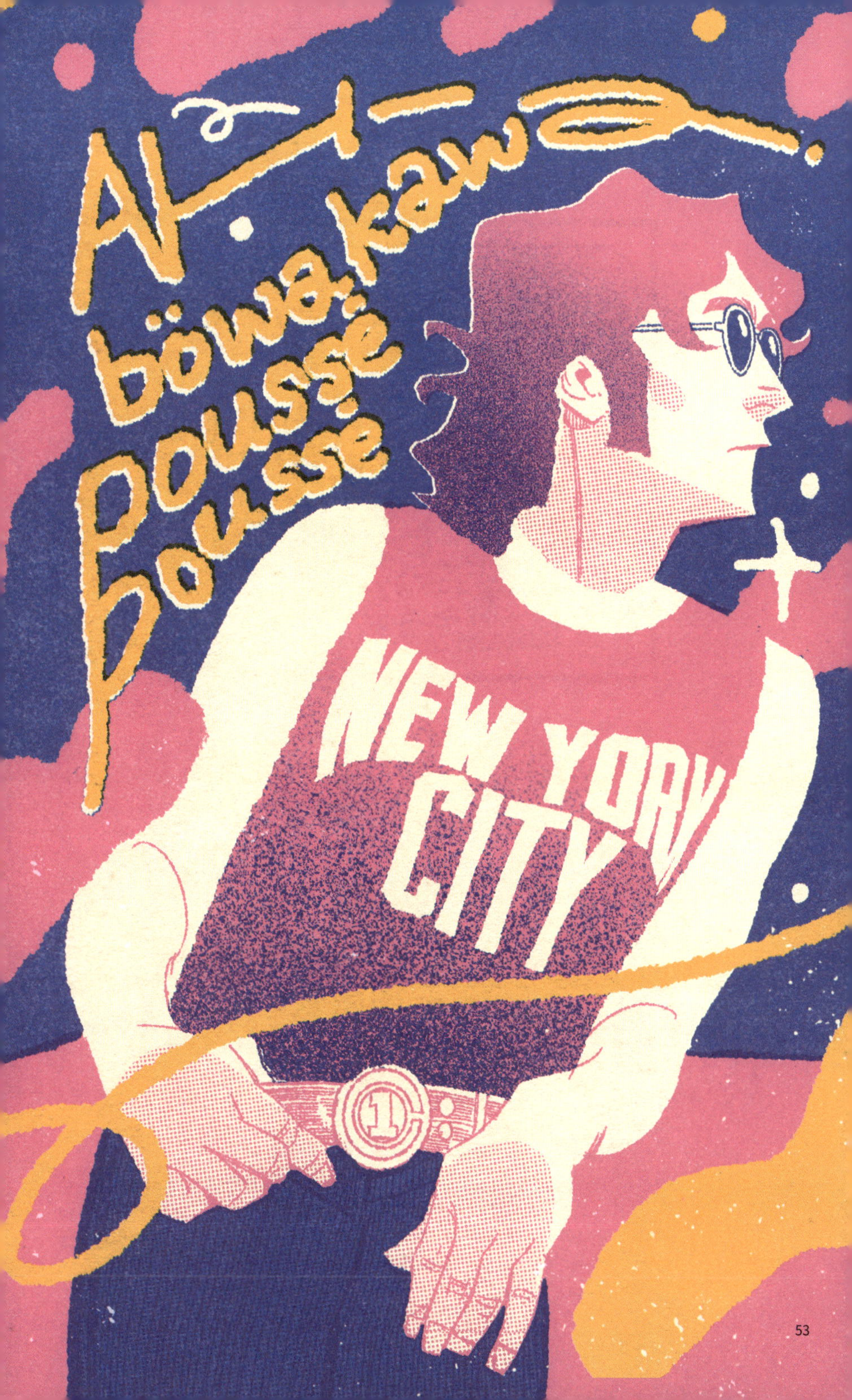

53

Walls and Bridges (1974) | 존 레논 John Lennon

오리지널 이너 슬리브 + 대형 포스터
+ 당시 광고지 + 가사집 2개

= 단돈 만 원!!!

앨범 앞면을
뒤로 넘겨 접으면
존의 표정이
메롱으로 변한다!

보고 만지는 재미가 있는 작품입니다.
존이 그린 그림들이 등장하는 특별한 구성이라
소장 가치도 뛰어난 앨범이라 생각해요.

비틀스 해체 후의 존은
'사랑하는 부인 오노 요코와 함께
전쟁 반대와 인권 운동을 주도했죠.
HAIR
PEACE
BED
PEAC

사회적인 문제는 물론 자아 성찰적인 곡을
많이 만들었던 시절인데요.
엄마
아들
비틀스
전쟁
평화
오노요코

<Walls and Bridges>는 무엇이든 함께였던
동반자 요코와 별거 중에 제작되었다고 해요.

대중음악의 왕 비틀스의 존 레논에게 무의미한 행보가 어디 있겠냐만,
솔로 최초의 1위 곡인 'Whatever Gets You Thru the Night'이 수록되어
그 의미가 더욱 특별하다 할 수 있죠!

특히나 이 앨범에서 제가 가장 좋아하는 곡인 '#9 Dream'에는
목놓아 따라 부르고 싶은 구절이 있어요.

*생전 유일한 빌보드 싱글 차트 1위 곡. 1980년 사후 '(Just Like) Starting Over'가 다시 1위를 거머쥔다.

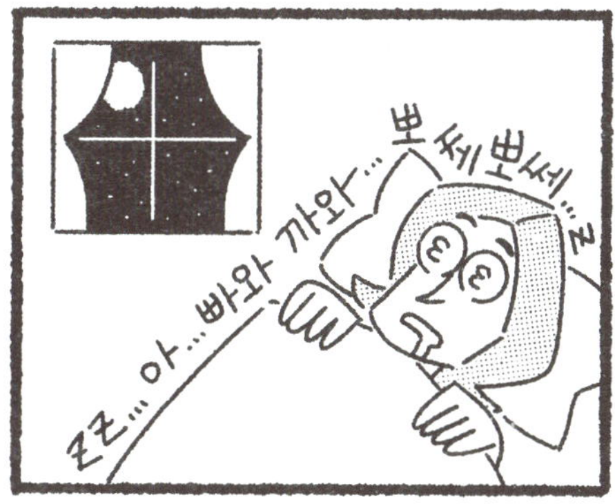

그냥 꿈속에서 들은 아무 뜻 없는 가사래요.

뜻 없어도 뭐, 부르면서 즐거워지면 그만 아니겠어요?
같이 따라 불러봐요! 아 빠와 카와 뽀세뽀세!

그건 그렇고,*1980년 12월 8일에 뉴욕 말고 다른 곳에 있으면 안 돼요?

*존 레논의 사망일

Walls and Bridges

존 레논 John Lennon

앨범 정보

레 이 블 | Apple
발 매 일 | 1974년 9월 26일
장　　르 | 록, 팝 록
재생 시간 | 46:02
프로듀서 | John Lennon

소장반 정보 EAS-80065 | 1974 | 일본

★★★☆

당시 아들 줄리안 레논의 나이대에 그린 앨범 재킷만 봐도 알 수 있듯이, 가장 힘든 시기였음에도 불구하고 동화 같은 곡들이 즐비하는 앨범이다.

★★★★

잃어버린 주말이라 칭할 만큼 어두웠던 시기였지만 음악적으로는 밝다. 레논의 억지스러운 발랄함이 기묘하다.

Youtube

Apple Music

Spotify

Melon

Genie

RAM

BY PAUL AND LINDA MCCARTNEY (1971)

SIDE ONE

1. Too Many People
2. 3 Legs
3. Ram On
4. Dear Boy
5. Uncle Albert/Admiral Halsey
6. Smile Away

SIDE TWO

1. Heart of the Country
2. Monkberry Moon Delight
3. Eat at Home
4. Long Haired Lady
5. Ram On (Reprise)
6. The Back Seat of My Car

Paul & Linda
McCartney

② Ram (1971) | 폴 매카트니 & 린다 매카트니 Paul & Linda McCartney

비틀스 해체 후
멤버들에게 마음의 상처를 입은
폴 매카트니가 부인 린다와 만든 앨범입니다.

방구가 2013년쯤 회현 지하상가에서
단돈 2천 원에 구매했다고 해요. 게다가 미국 초반!

저도 폴의 솔로 앨범 중에서 가장 좋아하는 작품이랍니다.
Oh! Thank You!
만화를 빌미로 고백하기
폴! 당신이 없었으면 이 세상의 대중음악은 재미가 없었을 거야!!

이후에 제가 가장 아끼는 수록곡 'Uncle Albert/Admiral Halsey'는 7인치 싱글을 따로 구하기도 했어요.
TOO MANY PEOPLE
STEREO
PAUL & LINDA McCARTNEY

앨범 발매 당시 '비틀스 시절을 조롱하냐!', '존과 요코를 비난하는 내용이냐!'라는 등
으헤헥!
Too Many People!

존 레논의
〈Imagine〉(1971)
앨범에
엽서로 실린
패러디 사진
→

음악 외적인 가십으로 인해
평단과 팬들의 반응이
싸늘했었다고 하더라고요.

하지만
아기자기한
우쿨렐레 사운드의
'Ram On'과

샤우팅이
매력적인
'Monkberry
Moon Delight',

그리고 아름다운 피날레
'The Back Seat of My Car'까지.

*비틀스의 <Rubber Soul>(1965) 1번 트랙

대규모 스튜디오에서의 작업이 익숙했던 폴은
존
린다 매카트니
작곡 파트너가 존에서 부인 린다로 바뀐 이후
더 느슨하고 여유롭게 작업에 임했어요.

폴 매카트니답지 않은 소박함과 기묘함.
많은 매체에서의 언급처럼
인디 팝 다운 매력이 넘치는 작품이 아닐까 싶어요.
부인 린다의
사랑스러운
백 보컬까지!

폴의 공연을 보는 것이 소원이었던 저는
2022년, 뉴욕으로 신혼여행을 가서 보고 왔는데요.

Ram

폴 매카트니 & 린다 매카트니 Paul & Linda McCartney

앨범 정보

레 이 블	|	Apple
발 매 일	|	1971년 5월 17일
장 르	|	록, 팝, 인디
재생 시간	|	43:15
프로듀서	|	Paul McCartney, Linda McCartney

소장반 정보　SMAS-3375 | 1971 | 미국

★★★★★

농장에서의 풀냄새와 흙냄새가 나는 마음 편안한 앨범.
사랑하는 가족들과 함께라면? 소똥 냄새도 아름다워~

★★★★☆

솔로 매카트니의 위대함, 아내 바라기 매카트니의 모습을 동시에
느낄 수 있는 사랑스러운 멜로디가 가득하다.

ALL THINGS MUST PASS

BY GEORGE HARRISON (1970)

SIDE ONE

1. I'd Have You Anytime
2. My Sweet Lord
3. Wah-Wah
4. Isn't It a Pity (Version 1)

SIDE TWO

1. What Is Life
2. If Not for You
3. Behind That Locked Door
4. Let It Down
5. Run of the Mill

SIDE THREE

1. Beware of Darkness
2. Apple Scruffs
3. Ballad of Sir Frankie Crisp (Let It Roll)
4. Awaiting on You All
5. All Things Must Pass

SIDE FOUR

1. I Dig Love
2. Art of Dying
3. Isn't It a Pity (Version 2)
4. Hear Me Lord

SIDE FIVE

1. Out of the Blue
2. It's Johnny's Birthday
3. Plug Me In

SIDE SIX

1. I Remember Jeep
2. Thanks for the Pepperoni

무려 3LP로 구성된 '정규 1집 앨범'이라니!
바로 비틀스의 조지 해리슨에 대한 이야기입니다.

해리슨 표 종합선물 세트처럼 구성된 이 앨범은
어딘가 울분 같은 것이 서려있습니다.
헉!
올 명절 선물로
〈All Things Must Pass〉 어떠신가요?

실제로 비틀스 활동 시절 묵혀둔 작품이
100여 곡이 넘었을 정도였다고 해요.
형들! 나 곡 써왔어!
오!
자신의 팀 동료인
'레논-매카트니' 콤비 때문이었는데요.

좋은 곡을 만들면 늘 숙제 검사받는 학생처럼
두 형의 오케이 사인을 받아야만 했어요.
프로듀서 조지 마틴의 허락도 필요했고요!
아 좀 별로인데?
……
그래야 앨범에 수록할 수 있었죠.

하지만 'All Things Must Pass'를 들어 보면,
형들이 도대체 왜 그랬을까 싶을 정도로
놀라움의 연속입니다.

가장 큰 특징은 음악의 물리적 크기를 잴 수
없겠지만, 정말 거대하게 들린다는 점입니다.

그 이유는 다양한 악기와 많은 인원의 백 보컬을 가세시켜
소리를 더 풍성하게 만들었기 때문이죠.

에릭 클랩튼, 링고 스타, 빌리 프레스턴(Billy Preston),
피터 프램튼(Peter Frampton), 진저 베이커(Ginger Baker) 등
전설로 남는 수많은 이들이 크레딧을 채웠어요.

이처럼 음악적인 내용은 물론
외적인 이야기도 많은 명반 중 명반입니다!

30주년 음반을 CD로 갖고 있었지만
어딘가 허전한 이 마음!
LP도 소장하고 싶어 호시탐탐 위시리스트에 두고 있었는데

아버지의 앨범 50주년을 맞이하여
기념 음반을 발매했습니다.

이런
소식이!!

조지의 '아들
'다니 해리슨'

3장이라 무게감이 꽤 있는 편이지만
이런 마스터피스는 꼭 챙깁시다!

이런
재발매는
못 참지!!

All Things Must Pass

조지 해리슨 George Harrison

앨범 정보

레 이 블　|　Apple
발 매 일　|　1970년 11월 27일
장　　르　|　록, 포크 록
재생 시간　|　103:33
프로듀서　|　George Harrison, Phil Spector

소장반 정보　3565241 | 2021 | 리이슈 | 유럽

★★★★

'조용한 비틀'의 창작을 향한 외침!
나도 당신처럼 다작을 하겠어요. (하지만 장수할래요)

★★★★★

레논-매카트니 작곡 콤비의 천재성에 비견되는 해리슨의 마그눔
오푸스! 이 작품이 있었기에 더 스미스가 탄생할 수 있었다.

| Youtube | Apple Music | Spotify | Melon | Genie |

GOODNIGHT VIENNA
BY RINGO STARR (1974)

SIDE ONE

1. Goodnight Vienna (It's All Down to)
2. Occapella
3. Oo-Wee
4. Husbands and Wives
5. Snookeroo

SIDE TWO

1. All by Myself
2. Call Me
3. No No Song
4. Only You (And You Alone)
5. Easy for Me
6. Goodnight Vienna (Reprise)

비틀스의 존은 'The Soul',
폴은 'The Heart',
조지는 'The Spirit'인데

누가 링고를
'그냥 드러머 (The Drummer)'라 했나요!
늘 비틀스를 최애로 꼽지만, 많은 팬들에게 그렇듯
링고의 존재감은 저에게도 작은 편이었어요.

허나, 영화 <500일의 썸머>(2009)에서
여자 주인공이 링고 스타를 좋아하는 이유를 들으면서
그를 다시 보게 되었어요.

지금까지도 '올스타 밴드(All-Starr Band)'를 통해
왕성한 솔로 활동을 보여주고 있어요.

'With a Little Help from My Friends', 'Yellow Submarine' 등
그의 음악이 왜 이렇게 유쾌하고 무해한지

피터 잭슨이 제작한 다큐멘터리 <Get Back>(2021)을 보면 알 수 있답니다!
인간적으로 참 따뜻한 사람 같았어요.

신혼여행으로 뉴욕에 도착하는 날
그의 공연이 있었는데 못 간 게 천추의 한이에요.
Beacon Theatre
TONIGHT SOLD OUT
난 이미 한 번 봤지룽!

링고 스타를 그저 비틀스의 '드러머'로만
알고 있었다면, 이 앨범을 꼭 들어보자고요!
Peace and Love!

Goodnight Vienna

링고 스타 Ringo Starr

앨범 정보

레 이 블　|　Apple
발 매 일　|　1974년 11월 15일
장　　르　|　록, 팝
재생 시간　|　33:40
프 로 듀 서　|　Richard Perry

소장반 정보　EAS-80095 | 1974 | 일본

★★★☆

만년 4등 장난스러운 비틀이지만 역시 맏형이야. 제일 든든해!
링고의 'Only You'를 듣고 눈에서 하트를 발사하다.

★★★☆

비틀스의 '드러머'가 아닌 솔로이스트 링고 스타의 멜로디 감각이
경이롭다. 그를 더 사랑할 수밖에 없는 솔직한 이야기는 덤.

Youtube

Apple Music

Spotify

Melon

Genie

음악은 제게 노동요이자 세상을 더 넓게
볼 수 있게 해준 좋은 친구였는데요,

듣기만 했지, 다른 사람들에게 '들려준다'는 건
어떤 기분일지 궁금했어요.

그래서 디제잉을 배우기 시작했습니다.

아직 멋들어지게 디제잉을 하거나
믹싱을 하진 못하지만,

음악을 순수하게 좋아하는 사람들을 많이 만날 수 있었습니다.

좋아하는 음반을
다른 사람들과 함께 듣고
그 즐거움을 나누는 경험은
색다르게 다가왔습니다.

나도 좋아하는
신청곡을 건네받고

가게에서 찾아 트는
행복이란!

오랫동안 그림에만 몰두해온 제게
디제잉은 음악을 새롭게 듣고 즐기는
또 다른 방식이 되어주고 있습니다.

❶

어느 LP바...
아 맞다!

어제 컵 깬 사람 누구야!

나얌!

오우 헬로우~!
Hello!

Cheers~
?

~~~~~!

쩍셔~~~~!
?????
~~~~~

우와 이 노래 좋다!
그렇죠? 저도 이 곡 좋아해요.

가수가 누구지?
스티비 원더라고,
대중음악의 교과서입니다.

스티비 원더가 누구지?
스티비 원더를 좋아하신다면,
모타운의 이 곡은 어떠실지요.

이 노래도 좋다!
후후 좋아하실 줄 알았습니다.

레코드를 사러 가요

다시 부르기 1

BY 김광석 (1993)

SIDE ONE

❶ 이등병의 편지
❷ 사랑이라는 이유로
❸ 사랑했지만
❹ 그날들
❺ 너에게

SIDE TWO

❶ 거리에서
❷ 말하지 못한 내사랑
❸ 그루터기
❹ 기다려줘
❺ 흐린 가을 하늘에 편지를 써

구하기 힘들었던 옛 음반들이
새로운 기술력을 만나
재발매가 이어지고 있습니다.
LP/CD 고가매입
디오
ffee

근데 신중현, 산울림, 유재하,
김광석 등은 재발매해도 비싸네.
이런 수많은 음반 사이에서 김광석의 앨범은
모든 음악 팬이 갖고 싶어 하는 작품입니다.

기존에 소장한 사람들이 중고시장에
내놓지 않아 가격이 상당히 높은 편이에요.

사실 우리 부부가 생각하는
바이닐 구입가 평균이 2만 원대라
매물이 있다고 해도 언감생심
김광석의 작품들은 쳐다보지 않았는데...

큰 외주비를 받은 날,
시세보다 훨씬 저렴한 가격의
<다시 부르기 I> 원판을 마주합니다.

<다시 부르기 I>에는
오랜 시간 사랑받아온,
지금도 깊은 울림을 전하는
명곡들이 즐비합니다.

그의 노래에는 세대를 아우르는 이야기와 호소력 있는 가창력이 어우러져 있습니다.

2024년 아쉽게 문을 닫은 소극장 *'학전'에서
무려 1,000회나 공연했던 김광석.

그의 커버 곡들을 향한 팬들의 응원에
자연스레 앨범 제작으로 이어졌다고 해요.

"원곡을 넘어서는 리메이크는 없다"라는 말은
음악계에서 통용되는 인식인데,

반대로 이 앨범은 수록곡이 원곡을 능가한다는 평이 주를 이루는
흔치 않은 사례이기도 합니다.

그런데 옥에 티가 있어요.
정말 큰마음을 먹고 구매했지만

속지(가사지)가 없었습니다⋯

여러분은 구성품이 모두 잘 있는지
꼭 확인해 보고 구매하시길 바라요!

다시 부르기 I

김광석 Kim Kwang-Seok

앨범 정보

레 이 블	|	서울음반
발 매 일	|	1993년 3월 2일
장　　르	|	포크
재생 시간	|	57:35
프로듀서	|	조동익

소장반 정보　SPDR-342 | 1993 | 한국

★★★☆

대한민국 남녀노소 모두 한 번쯤은 이등병으로 만든
가객의 모든 곡은 왠지 태어나기 전부터 알던 것 같아.

★★★☆

듣다 보면 외우려고 노력해 본 적 없지만 모든 곡을 따라 부르는 나
를 발견한다. 선율과 호소력은 이내 마음을 울리고 뇌리에 새겨진다.

Youtube

Apple Music

Spotify

Melon

Genie

1999

BY PRINCE (1982)

SIDE ONE

❶ 1999
❷ Little Red Corvette
❸ Delirious

SIDE TWO

❶ Let's Pretend We're Married
❷ D.M.S.R.

SIDE THREE

❶ Automatic
❷ Something in the Water (Does Not Compute)
❸ Free

SIDE FOUR

❶ Lady Cab Driver
❷ All the Critics Love U in New York
❸ International Lover

전방위적인 음악 천재를 단 한 명 꼽으라면?
프린스를 제일 먼저 떠올립니다.

작곡과 편곡은 물론
앨범에 녹음된 모든 악기 연주 전반을 해내는,
재능으로 똘똘 뭉친 천재 뮤지션입니다.

항상 라이벌로 여겨졌던 마이클 잭슨과 비교되는 섹슈얼리티는
그를 상징하는 음악적 소스 중 하나가 되었습니다.

수록곡 전체가
*미니애폴리스 사운드와
신스 횡크의 정수를 담고 있습니다.

상업적으로나 비평적으로
모든 음악 팬의 쌍엄지를
치켜세우게 만드는
프린스의 음악적 재능이
차고 넘치게 담겨있는 작품이죠.

그러던 중 방구와 신혼여행으로 떠났던
뉴욕의 한 레코드숍에서
단돈 2달러짜리를 발견하게 됩니다.

마치 동네 친한 형처럼 프린스를
'린스형'이라 울부짖는 방구는

(모든 비극의 시작)

하지만 여기서 우리 부부는 발견 자체로 흥분해
판 상태는 거들떠보지도 않는 실수를 저지릅니다.

귀국하고 와서 보니 알판이
고대하고 고대하던 <1999>가 아니라

<Purple Rain>(1984)이 들어있었습니다!

1999 (1982)

프린스 Prince

앨범 정보

레 이 블　|　Warner Bros.
발 매 일　|　1982년 10월 27일
장　　르　|　록, 훵크, 신스 팝, 뉴웨이브
재생 시간　|　70:29
프로듀서　|　Prince

소장반 정보　23720-1F | 1982 | 미국

★★★★

배운 변태(?)란 이런 것이다!
가장 섹시X100한 록 마스터피스.

★★★★★

프린스를 천재로 추켜세우는 이유가 뭐냐고?
그는 수만 장르를 아우르는 전지전능한 조물주이자,
진짜 천재이기 때문이다.

| Youtube | Apple Music | Spotify | Melon | Genie |

PARAISO

BY HOSONO HARUOMI AND YELLOW MAGIC BAND (1978)

SIDE ONE

1. 東京ラッシュ (TOKIO RUSH)
2. 四面道歌 (SHIMENDOKA)
3. ジャパニーズ・ルンバ (JAPANESE RHUMBA)
4. 安里屋ユンタ (ASATOYA YUNTA)
5. フジヤマ・ママ (FUJIYAMA MAMA)

SIDE TWO

1. ファム・ファタール〜妖婦 (FEMME FATALE)
2. シャンバラ通信 (SHAMBHALA SIGNAL)
3. ウォリー・ビーズ (WORRY BEADS)
4. はらいそ (PARAISO)

몇 년간 방구와
공연과 디깅 목적으로
도쿄와 오사카 여행을 다녀왔습니다.

일본에 갈 때면
일본 대중음악 위주로
찾아보기로 했어요.

요즘은 국내 중고 바이닐 시장도
레퍼토리가 다양해졌지만,

즐겨 듣는 J-POP은
본토에서 디깅하는 게
더 합리적이라 판단해서였죠.

그중에서 저희 부부에게
단연 돋보이는 이름 중 하나는
호소노 하루오미
(Hosono Haruomi, 細野 晴臣)
였는데요.

그에게서 받은 첫 충격은
옐로우 매직 오케스트라(Yellow Magic Orchestra)의 선구적인 전자음악이었어요.

*옐로 매직 오케스트라의 2집 <Solid State Survivor>(1979)

한국에는 이미 잘 알려진 류이치 사카모토(Ryuichi Sakamoto, 坂本 龍一),
사디스틱 미카 밴드의 드러머 타카하시 유키히로(Takahashi Yukihiro, 高橋 幸宏)가
호소노 하루오미와 함께한 팀으로
지금 들어도 신선한 일렉트로닉 사운드와 신스 팝을 들려주었습니다.

가장 좋아하는 곡은 '君に、胸キュン。(Kimi Ni Mune Kyun)'입니다.
'너에게 심쿵!'이라는 뜻으로, 아주 귀여운 노래예요.

YMO의 음악은 수많은 레이어가 머릿속에서 입체적으로 펼쳐지는
환상적인 경험을 전합니다.

*핫피 엔도 (Happy End, はっぴいえんど)의 3집 <Happy End>(1973)

거기서 그치지 않습니다.

그는 무엇보다 일본이 자국어로
록 음악을 할 수 있게
포문을 열어준 포크 록 밴드
핫피 엔도의 리더이기도 했는데요.

그는 버펄로 스프링필드
(Buffalo Springfield) 같은
포크 록을 하고 싶었고,

당시에는 누구도 시도하지 않은
'자신들의 언어'로 승부를 겁니다.

이는 일본 음악계의 틀을
한순간에 뒤바꾼
대사건으로 남게 되죠.

일본 여행을 갈 때면
그의 음반을 꼭 찾아보곤 했어요.
현지에서도 엄청난 상찬을 받는 듯한
느낌이 들었습니다.

그의 중고 LP는 대부분
고가로 취급되어
매장 내에 배치하지 않고
관리자가 따로 알판을 빼놓고
관리를 하더라고요.

여행 중에 앨범 <Hosono House>(1973)의
50주년을 기념한 하루오미 캐릭터 가방을 든 사람도 보고,
그의 스티커를 큼지막하게 붙인 가게도 보게 되었어요.

반백 년이나 지났지만, 옛것에 대한 진지한 사랑과 이를 발현하는 마음이
새삼 멋지게 느껴지기도 했습니다.

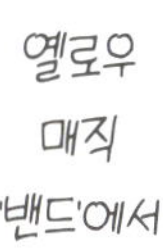

옐로우
매직
'밴드'에서

옐로우
매직
'오케스트라'로
바꾸다!

그중에서도 이건 꼭 갖고 싶다고 생각했던 작품이 <Paraiso>(1978)였습니다.
앞서 소개했던 YMO의 전신이자 근간이 되는 작품이에요.

예쁜 콜라주 커버 이미지가 인상적인 이 앨범.
'나 이런 것도 잘해!'라는 듯 트로피컬 음악들로 가득합니다.

전에는 몰랐던 거장의 음악을 새롭게 알게 되는 경험은
인생에 소중한 귀인을 만난 기분마저 느끼게 합니다.

그가 수놓는 아름다운 선율과
다양한 장르를 넘나드는 음악을 듣고 있노라면,
일본의 '폴 매카트니' 정도의 위인이 아닐까 하는 생각이 듭니다.

Paraiso

호소노 하루오미 & 더 옐로우 매직 밴드 Hosono Haruomi & The Yellow Magic Band

앨범 정보

레 이 블 | Alfa
발 매 일 | 1978년 4월 25일
장　　르 | 재즈 퓨전, 테크노 팝, 트래디셔널
재생 시간 | 34:37
프로듀서 | Hosono Haruomi

소장반 정보 ALR-6003 | 1978 | 일본

★★★★☆

아는 만큼 보이고 들린다더니, 가는 여행지마다 자꾸 보였다. 호소노 하루오미가 들려주는 룸바는 참을 수가 없더라. 비싼 가격만큼 열심히 들으면 돼. 호호.

★★★★

현재까지 일본 음악의 전설로 추앙받는 모든 아티스트들의 아티스트다. 당시 유행했던 트로피컬 사운드까지도 자국의 언어로 소화해내며, 일본 음악의 방대한 스펙트럼을 느끼게 해준 명작.

Youtube

Apple Music

Spotify

Melon

Genie

A LONG VACATION

BY OHTAKI EIICHI (1981)

❶ 君は天然色 (KIMI WA TENNEN SHOKU)
❷ Velvet Motel
❸ カナリア諸島にて (KANARIA SHOTŌ NITE)
❹ Pap-Pi-Doo-Bi-Doo-Ba 物語 (MONOGATARI)
❺ 我が心のピンボール (WAGA KOKORO NO PINBALL)

❶ 雨のウェンズデイ (AME NO WEDNESDAY)
❷ スピーチ・バルーン (SPEECH BALLOON)
❸ 恋するカレン (KOISURU KAREN)
❹ Fun x 4
❺ さらばシベリア鉄道 (SARABA SHIBERIA TETSUDŌ)

④ A Long Vacation (1981) | 오오타키 에이이치 Ohtaki Eiichi

우리 부부의 음악 취향은
놀랄 정도로 닮았어요.

아기자기한 옛 로큰롤,
특히 비틀스를 떠올리게 하는 사운드에는
자연스럽게 귀가 쏠립니다.

이런 취향은 국적 불문
마음을 열어 최대한 많은 노래에
항상 '귀 레이더'를 발동시키고
좋은 것을 발견하면
서로 알려주기 바쁘죠.

제가 좋아하는 음악이
곧 방구가 좋아하는 음악이에요.

산발적인 지식만 있었던
일본 음악을 방구와 함께
도장 깨기 하고 있었어요.

그중에서
저희의 마음을 사로잡은 작품은

오오타키 에이이치
(Ohtaki Eiichi, 大瀧詠一)의
<A Long Vacation>(1981)였습니다.

*핫피 엔도 2집 <카제마치 로망>
(Kazemachi Roman, 風街ろまん)(1971)

흔히 '시티 팝'으로 불리는
일본발 AOR의 선구자, 오오타키 에이이치는
일본 전설의 그룹 핫피 엔도의 창작 중추이기도 했죠.

'비틀스스러운' 사운드는 그가 추구하는 스튜디오 작업 방식 때문일 텐데요.

공간 음향의 미학을 절묘하게 녹여낸
*'월 오브 사운드(Wall of Sound)'의 기조가 느껴집니다.
바로 이런 장대한 음악 스케일이 그의 주된 작업 방식입니다.

*미국의 프로듀서 필 스펙터(Phil Spector)가 고안한 녹음 방식.

스튜디오에서 구현할 수 있는
최상의 품질을 담아낸 앨범이 아닌가 싶더라고요.

그는 위대한 작곡자이자 앨범 프로듀서, 레이블 설립자로도 명성을 남겼습니다.

무엇보다 시티 팝의 세계적인 유행을 이끌었다 해도 과언이 아닌
야마시타 타츠로(Yamashita Tatsuro, 山下達郎)와
오오누키 타에코(Onuki Taeko, 大貫 妙子)의 활동을
견인한 인물이기도 합니다.

1974년 '나이아가라'라는 레이블을 만들어
밴드 슈가 베이브(シュガー・ベイブ)를 통해 데뷔시켰죠.

이 음반은 사실
중고 매장에 흔한 작품이기도 합니다.

방구와 여행 가서 구매하고
일본 음반을 모아둔 선반에
꽂아두었는데요.

이사하면서 찾을 수가 없더라고요.
OBI 띠지도 있고
상태도 정말 좋았는데 말이에요!

일본 음악에 눈을 뜨게 해준
고마운 작품이라,

하는 수 없이 눈물을 머금고
다시 구매하게 되었습니다.

하지만 웬걸, 영미 팝으로 구분한 'O'코너 어딘가에
무의식적으로 꽂아놓은 걸 발견하게 되었어요.

앨범 보관은 꼭 내가 찾기 쉬운 코너에 잘 꽂아둡시다.

아참, 일본 중고 매장에서 CD로 발견한 적이 있었는데요.
가격이 무려 79,000엔!
잘못 표기된 건가? 했는데,

알고 보니 이 음반은
전 세계 최초 CD 타이틀로 출시된 50개 작품 중 하나더라고요.
음악적으로나 역사적으로도 의미가 있는 명작입니다.

A Long Vacation

오오타키 에이이치 Ohtaki Eiichi

앨범 정보

레 이 블	Niagara
발 매 일	1981년 3월 21일
장　　르	록, 팝, 시티 팝
재생 시간	39:59
프로듀서	Ohtaki Eiichi

소장반 정보　27AH-1234 | 1981 | 일본

★★★★★

거장이라 존경받는 음악가들은 이유가 꼭 있지! 뜨거운 여름날 '롱바끄' 1장쯤은 댁에 꼭 갖춰 두세요. 우리 집이 바로 푸른 바다 해변이 되는 마법이 펼쳐질걸요?

★★★★★

'핫피엔도'의 작곡자이자 '야마시타 타츠로'의 앨범 제작자이며 '나이아가라' 레이블 설립자인 일본 최고의 뮤지션. '롱바끄'는 아내와 함께 듣는 음악을 더 즐겁게 만들어준 시티 팝의 최고작이다.

Youtube	Apple Music	Spotify	Melon	Genie

ELVIS' GOLDEN RECORDS

BY ELVIS PRESLEY (1958)

SIDE ONE

1. Hound Dog
2. Loving You
3. All Shook Up
4. Heartbreak Hotel
5. Jailhouse Rock
6. Love Me
7. Too Much

SIDE TWO

1. Don't Be Cruel
2. That's When Your Heartaches Begin
3. (Let Me Be Your) Teddy Bear
4. Love Me Tender
5. Treat Me Nice
6. Anyway You Want Me (That's How I Will Be)
7. I Want You, I Need You, I Love You

DANCING TO THE
JAIL HOUSE
ROCK

5   Elvis' Golden Records (1958) | 엘비스 프레슬리 Elvis Presley

엘비스 프레슬리는 로큰롤의 상징과도 같습니다.

이는 실제로 존 레논이 한 말이기도 해요.

하와이에 저의 이모 가족이 살고 계셔서
자주 다녀왔어요.
알로하!

운 좋게도 이모 댁 근처에는
레코드 숍이 두 군데나 있었는데요.

*하와이 호놀룰루에서
 가장 오래된 레코드 숍.

1956년 '에드 설리번 쇼
(The Ed Sullivan Show)'에서
사람들을 경악게 한 골반 댄스로
미국 전체를 뒤흔들었던
'Hound Dog'을 시작으로,

스무 살의 멤피스 출신 무명 가수를
로큰롤의 황제로 만들어준
'Heartbreak Hotel'.

우리에게 정말 익숙한
달짝지근 러브송
'Love Me Tender'까지!

1961년 엘비스는 하와이에서 영화
<블루 하와이(Blue Hawaii)>를 촬영하기도 했는데요,
여기까지 왔으니 그의 음반 하나쯤은 사야지(?)라는
그럴듯한 핑계를 대며
기분 좋게 구입했던 기억이 나네요.
엄청난
인기죠?
Take my hand~

엘비스 프레슬리에 대해 알고 싶은 분들께
교과서 같은 작품이 되어 줄 거예요!
Take my
whole life too...
꺄야아

Elvis' Golden Records

엘비스 프레슬리 Elvis Presley

앨범 정보

레 이 블 ｜ RCA Victor
발 매 일 ｜ 1958년 3월 21일
장　　르 ｜ 로큰롤
재생 시간 ｜ 32:03
프로듀서 ｜ Steve Sholes, Elvis Presley

소장반 정보　LPM-1707 | 1958 | 미국

★★★★

한국에 걸쭉한 남진이 있다면
미국엔 달큰한 엘비스 프레슬리지

★★★☆

블루스가 로큰롤이라는 이름으로 대중에 알려지면서 음악 시장은
들썩였다. 꿈틀거리기 시작하는 로큰롤, 이 한 장만큼 완벽한 교보
재가 또 있을까?

Youtube	Apple Music	Spotify	Melon	Genie

TATTOO YOU

BY THE ROLLING STONES (1981)

SIDE ONE

1. Start Me Up
2. Hang Fire
3. Slave
4. Little T & A
5. Black Limousine
6. Neighbours

SIDE TWO

1. Worried About You
2. Tops
3. Heaven
4. No Use in Crying
5. Waiting on a Friend

The Rolling Stones

평균 나이 80살의 이 할아버지들은 2025년에도
화끈한 로큰롤 앨범을 준비하며 끊임없이 질주 중입니다!

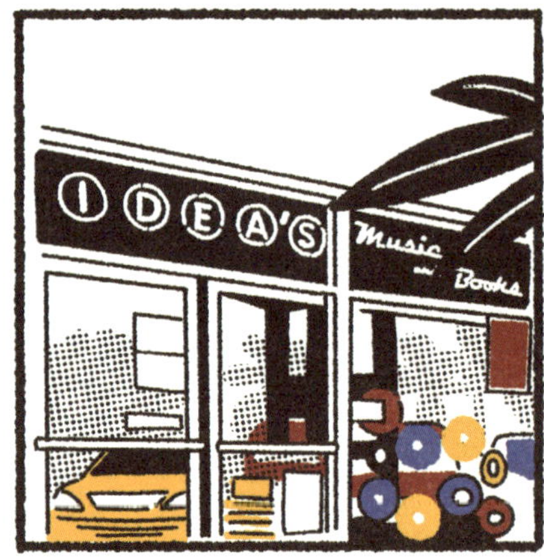

<Tattoo You>는
이모 댁 근처에 있던 다른 레코드숍,
'Idea's Music and Books'에서 만난
롤링 스톤스의 앨범이에요.

개인적으로는
디스코 사운드가 매력적인
<Some Girls>를 제일 좋아하지만

믹 재거(Mick Jagger)의
장렬한 인상에 사로잡혀
구입했던 이 앨범은
록 레전드에 대한 동경을
더 키워준 특별한 작품입니다.

* 1993년
키스 리처즈(Keith Richards)의 코멘트

'스톤스' 하면
전공인 블루스를 기본 베이스로 한
로큰롤 앨범을 떠올리기 마련이지만,

컨트리 발라드 사운드의 'Waiting On a Friend'에는
전설의 재즈 뮤지션 소니 롤린스(Sonny Rollins)가 색소폰으로 참여했어요.

<Saxophone
Colossus>(1956)

특히 키보드는
비틀스와도 협업했던 <Let it Be>(1970)의 세션,
빌리 프레스턴이 연주했습니다.

'Heaven'과 'No Use in Crying'은
악동의 거친 이미지가 강렬했던 롤링 스톤스의
다른 면모를 보여주는 아주 세련된 곡이라 생각합니다.

Tattoo You (1981)

롤링 스톤스 The Rolling Stones

앨범 정보

레 이 블 ｜ Rolling Stones
발 매 일 ｜ 1981년 8월 24일
장　　르 ｜ 팝 록, 블루스 록
재생 시간 ｜ 44:23
프로듀서 ｜ *The Glimmer Twins

소장반 정보　COC 16052 | 1981 | 캐나다

⭐⭐⭐⭐

화려한 믹 재거의 얼굴과 중고 특유의 쿰쿰한 내음. 바늘을 올리자
마자 울려 퍼졌던 'Start Me Up'을 들으면 무엇이든 시작해 낼 수
있을 것 같아!

⭐⭐⭐⭐

스톤스를 대표하는 음반이 아닐지라도 명인들의 모든 행보는 역사의
기록으로 가치가 크다. 이 질주감이 넘실거리는 로큰롤은 내 몸 깊은
곳에 문신처럼 새겨져 날 춤추게 한다.

* 믹 재거 & 키스 리처즈

Youtube

Apple Music

Spotify

Melon

Genie

LIVE STOCK

BY ROY BUCHANAN (1975)

SIDE ONE

❶ Reelin' and Rockin'
❷ Hot Cha
❸ Further on Up the Road
❹ Roy's Bluz

SIDE TWO

❶ Can I Change My Mind
❷ I'm a Ram
❸ I'm Evil

군대에 다녀와서 본격적으로
블루스에 진지하게 몰입하게 되었어요.

특히 일렉트릭 기타 연주에 매료되어
유명한 기타리스트들을 마치 신처럼 숭배했죠.

에릭 클랩튼, 지미 헨드릭스(Jimi Hendrix), 제프 벡(Jeff Beck),
스티비 레이 본(Stevie Ray Vaughan) 같은 연주자들을 특히나 좋아했고,
각기 다른 주법과 릭(Lick), 톤(Tone)에 심취되었던 시절이었습니다.

*시리타 라이트(Syreeta Wright)의 <Stevie Wonder Presents : Syreeta>(1974)에 원곡이
수록되어 있다. 전 남편이자 뮤직 파트너인 스티비 원더가 제작에 대거 참여했다.

아마 기타 연주에 대한 상념에 잠겨봤다거나
블루스를 좋아하는 사람, 혹은 록 기타에 열광하는 이라면
로이 뷰캐넌이라는 이름을 그냥 지나치지 않았을 거예요.

앞에 나열한 기타의 신 중에서도 특히 제프 벡은
뷰캐넌만의 '기타 경련'에 존경을 표하며
명연 *'Cause We've Ended As Lovers'로 헌사하기도 했죠.

그의 미학은 텔레케스터의 까랑까랑한 본연의 사운드가 밑바탕입니다.
다른 이펙터 없이 순전히 손맛으로만 소리를 주조해 내는데요.

** 펜더(Fender) 사의 대표적인 일렉트릭 기타 모델. 펜더 최초의 양산형 솔리드 보디이며 가장 오래된 제품.

특히 이런 '날 것의 맛'을
멋지게 담은 실황 앨범
<Live Stock>은
'텔레케스터의 황홀경'으로
가득합니다.

사실
CD 시대를 살아왔던 세대였기에
당시 LP에는 관심이 없었죠.

평소와 같이 중고 음반숍을
기웃거리던 중에 만나게 된
한국 라이선스 버전의 이 판은

마치 저를 부르듯
소리치는 것 같았어요.

LP를 사면서
많은 실수를 경험했지만,

이때 처음으로 라이선스 음반에는
'잘린 곡'이 있을 수 있다는
사실을 알게 됩니다.

기타 연주의 극치는
작품의 후반부로 갈수록
절정으로 치닫습니다.

그 마무리는
'I'm Evil'로 맺어지게 되는데요.

"나는 악마다."라는 제목이
당시 정서상 맞지 않았던 것일까요?

그렇게 생전 처음으로 산 LP는
온전치 못한 '한 장'으로 여겨지며

오래도록 진열장 한구석을
차지하게 되었어요.

부인에게 이 사연을 전했고,
블루스 마니인 우리 둘은 모종의 합의하에 중고숍에 들러
훌륭한 음질의 일본반으로 '업그레이드'를 하게 됩니다.

똑같은 작품이지만 발매 버전이 참 다양한 것이
아날로그 음반의 큰 매력인 것 같아요.

다양한 방법으로 좋아하는 음악을 감상하고 갈구합니다.
우리 부부에게 음악은 참 좋은 놀이입니다.

Live Stock (1975)

로이 뷰캐넌 Roy Buchanan

앨범 정보

레 이 블 | Polydor
발 매 일 | 1975년 8월 11일
장　　르 | 록, 블루스
재생 시간 | 35:57
프로듀서 | Jay Reich Jr.

소장반 정보　MPF-1064 | 1977 | 리이슈 | 일본

★★★★

방구가 나에게 처음 선물한 블루스 라이브 앨범이라 특별하다. 시원한 기분이 드는 연주가 가득가득. 왜냐고? 뷰캐넌의 연주가 가려운 곳을 구석구석 긁어주던걸?

★★★★★

별다른 이펙터 없이 오로지 손맛으로만 주조해 내는 짜릿한 기타의 절규는 마치 화염 같았다. '기타가 운다'라는 말은 그의 연주에서 시작되었다 해도 과언이 아니다.

| Youtube | Apple Music | Spotify | Melon |

SONGS IN THE KEY OF LIFE

BY STEVIE WONDER (1976)

SIDE ONE

1. Love's in Need of Love Today
2. Have a Talk with God
3. Village Ghetto Land
4. Contusion
5. Sir Duke

SIDE TWO

1. I Wish
2. Knocks Me Off My Feet
3. Pastime Paradise
4. Summer Soft
5. Ordinary Pain

SIDE THREE

1. Isn't She Lovely
2. Joy Inside My Tears
3. Black Man

SIDE FOUR

1. Ngiculela – Es Una Historia – I Am Singing
2. If It's Magic
3. As
4. Another Star

A Something's Extra EP

SIDE ONE

1. Saturn
2. Ebony Eyes

SIDE TWO

1. All Day Sucker
2. Easy Goin' Evening
   (My Mama's Call)

Songs in the Key of Life (1976) | 스티비 원더 Stevie Wonder

1970년대의 스티비 원더는 뭐라도 냈다 하면 명반이었어요.

<Talking Book>(1972) , <Innervisions>(1973),
<Fulfillingness' First Finale>(1974) 와 같은 앨범들이
바로 이 시기에 발매되었죠.

이처럼 수많은 명작을 발표했지만,
<Songs in the Key of Life>는 최고 중 최고로 꼽는 마스터피스예요.

정식으로 발매된 버전이 12인치 2LP와
타이틀곡 'A Something's Extra'의 7인치 EP
합본으로 구성되어 있습니다.

중고 음반을 선호하는 우리 부부였기에
온전한 컨디션과 저렴한 가격의 매물을 구하기가 어려웠던 앨범입니다.

마치 한 편의 영화 같은 이 음반을 처음부터 쭉 듣고 있노라면,
'아름다운 세상의 모습을 오로지 소리로만 표현한다면 이런 것이 아닐까?'
라는 생각이 들곤 해요.

1시간 40분 남짓 되는 21개의 수록곡을 재생하는 동안
'소리 모음의 절경', '멜로디의 천국',
'멜로우 R&B의 정수', '연주 장인들이 완성해 낸 환상의 하모니'가
무엇인지에 대한 답을 얻는 듯한 느낌을 받을 수 있죠.

그는 이전 발매된 앨범으로 2년 연속 그래미 '올해의 앨범상'을 타고
전 세계적으로 이름을 떨쳤음에도 불구하고
돌연 음악 생활을 그만두기로 마음을 먹게 됩니다.

*1995년 <Q> 매거진 인터뷰 중

그렇게 은퇴 공연을 시작한 스티비 원더.
레이블 '모타운(Motown)'은 그를 더 붙잡고 싶었던 걸까요?
모든 음악 제작을 역임하는 조건으로 재계약을 하게 되면서 이 앨범이 탄생하게 되었어요.

방구는 이 앨범에 얽힌 나름의 이야기가 있었어요.

용돈을 아끼고 아껴
한 장씩 음반을 샀지만

중학교 시절 MP3가
처음 나왔다던 옛날 사람이라
어둠의 경로를 통해서도
많은 음악을 들어왔다고 해요.

방구는 군 복무 시절,
듣고 싶은 음악이 있으면

MP3 기계는 절대 안 되고
오로지 CD에 구워야지만
반입이 가능했대요.

그렇게 '구운 CD'를 가져가면
반입 가부 여부를 확인하고
중대장의 날인 후 들여보내주었다고 합니다.

그런데 웬걸,
아름다운 가스펠이 돋보이는 1번 트랙부터 3번 트랙까지만 재생이 되고
이후는 오류가 나서 재생되지 않았다고 해요.

아쉬움도 잠시 그 3곡이 그렇게 좋아서
자장가처럼 매일 감상했다고 하네요.

Songs in the Key of Life

스티비 원더 Stevie Wonder

앨범 정보

레 이 블 | Tamla
발 매 일 | 1976년 9월 28일
장   르 | 소울, 팝, 펑크, 퓨전
재생 시간 | 1:43:49
프로듀서 | Stevie Wonder

소장반 정보 SMOT-6133 | 1981 | 리이슈 | 일본

★★★★★

대중음악의 교과서 그 자체 우리의 '원더 선생님'.
사람들 앞에서 이 앨범 쭉 틀어두면 폼 좀 나잖아!

★★★★★

군 복무 시절 고된 일과를 끝내고 취침 시간이 되면, 고참들 몰래 플레이 버튼을 눌러 딱 3곡을 듣다 잠에 들었다. 단 3곡뿐이었지만 해방감을 느끼게 해준 안식처 같았다.

Youtube

Apple Music

Spotify

Melon

Genie

❶

헉 내가 갖고 싶었던 음반!
THE ISLEY BROTHERS

콩 카 쿵 카
THE ISLEY BROTHERS

그... 그거 구매하실 건가요?
찜해둔 판들 중 뭐 살지 고르는 중

사장님 이거 하나 살게요~

어서오세요―
안녕하세요 사장님!

오늘은 또 뭘 팔아볼까~?

자고로 DJ라면
같은 판은 2장씩 갖고 계셔야죠.
오~

열심히 일해서 2장씩 사는
부자 어른이 되겠어요!!
↑
소장용
↑
플레이용

작가님은 이미 어른입니다.
쿵
쿵

어른임을 회피하지 마세요♡

우리의 추억은 Long-Playing

GREATEST HITS

BY QUEEN (1981)

SIDE ONE

1. Bohemian Rhapsody
2. Another One Bites the Dust
3. Killer Queen
4. Fat Bottomed Girls
5. Bicycle Race
6. You're My Best Friend
7. Don't Stop Me Now
8. Save Me

SIDE TWO

1. Crazy Little Thing Called Love
2. Somebody to Love
3. Now I'm Here
4. Good Old-Fashioned Lover Boy
5. Play the Game
6. Flash
7. Seven Seas of Rhye
8. We Will Rock You
9. We Are the Champions

어려서부터 형이 들었던 음악을 따라 좋아했어요.
네 살 터울의 형과는 한방을 쓰며,
하루 종일 라디오에서 흘러나오는 음악을 함께 들었죠.

그러던 어느 날, 형과 EBS에서 방영되던 라이브 공연을 보게 됐는데요.

툭 튀어나온 입과 짙은 콧수염, 흰색 민소매를 입은 괴상한 모습의 남자가
무대 위를 요란스럽게 뛰어다녔어요.

그러다 갑자기 숨을 고르더니
들썩이던 어깨를 멈추고,
노래가 이어졌습니다.

'Love of My Life' 였어요.
듣자마자 완전히 빠져들었습니다.

'이 음악은 꼭 갖고 싶다'라는
마음이 들었던 건
아마 그때가 처음이었을 거예요.

곧바로 동네 음반 가게에 달려가
무작정 퀸 CD를 달라고 했죠.

그렇게 손에 넣은 앨범이
<Greatest Hits>였는데,
웃긴 건 정작 'Love of My Life'는
없었다는 거예요.

당시엔 음반과 수록곡의
개념조차 잘 몰랐으니까요.

하지만 상관없었어요.
버릴 곡이 하나도 없었거든요.

성인이 된 이후 음반을 모으면서
자연스럽게 몇 장씩 소장하게 되더라고요.

사실 퀸의 <Greatest Hits>는
구하기 쉬운 음반 중 하나입니다.

시간이 흘러
팝 음악에 조예가 깊은 작가에게
뮤지션에 대한 일러스트 일을
의뢰하게 되었어요.

음악 사랑이
유별났던 작가였기에
일에 대해 회의를 하면서도
많은 음악 이야기를 하게 되었고,

자연스럽게 퀸에 대한 주제로
넘어갔어요.

회사 일로 시작된 이야기는 서로의 유럽 여행에 대한 추억들로 이어졌습니다.
대화가 꼬리에 꼬리를 물었죠.

웬걸, 저랑 여행 동선이 똑같더라고요.

특히 스위스 몽트뢰에서는 프레디 머큐리 동상 앞에서
똑같은 포즈로 사진을 찍었다는 사실!

속으로 생각했죠.
"아니, 세상에! 나 같은 음악 환자가 또 있다고?"

그렇게 남의 이야기라고 생각했던 천생연분은 내 사연이었고,
연애와 결혼까지 골인하였습니다.

어제는 산책하다가 대뜸 '퀸 노래 20곡 대기' 퀴즈를 했는데 완패를 당했어요.

이런 여자가 내 아내라니!

Greatest Hits

퀸 Queen

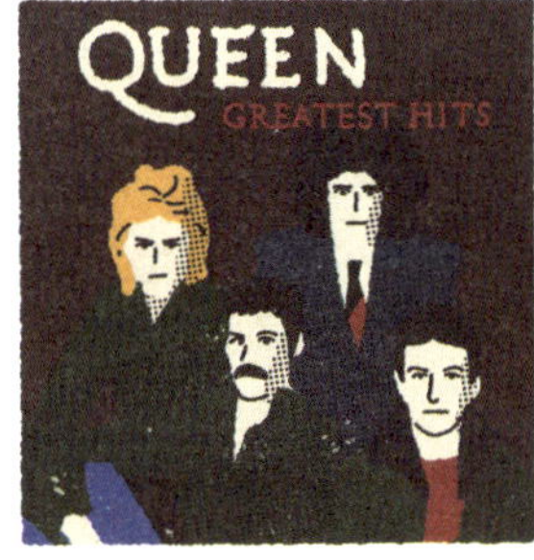 

앨범 정보

레 이 블 | EMI, Elektra
발 매 일 | 1981년 10월 26일
장 르 | 록, 팝 록
재 생 시 간 | 58:19
프 로 듀 서 | Various

소장반 정보 EKPL-0073 | 1990 | 한국

★★★★

영화 <보헤미안 랩소디> 열풍 때 런던에 있었던 나. 싱어롱은 못해 봤어도 현지에서 재미있는 이벤트를 싹 경험했지롱! 조금은 승리자 일지도?

★★★★

초등학교 시절 '모든 음악이 이렇게 다 좋을 수도 있구나!'라는 첫 충 격을 안겨준 밴드다. 베스트 앨범이라는 것이 뭔지도 몰랐던 때였으 니까. 그냥 그게 그렇게 좋아서 듣고 또 들었다.

Youtube	Apple Music	Spotity	Melon	Genle

STATION TO STATION

BY DAVID BOWIE (1976)

SIDE ONE

1. Station to Station
2. Golden Years
3. Word on a Wing

SIDE TWO

1. TVC 15
2. Stay
3. Wild Is the Wind

② Station to Station (1976) | 데이비드 보위 David Bowie

록을 기반한 거의 모든 음악 장르를 아우르는 그의 업적은
비단 음악계에서 끝나지 않습니다.

소위 글램 록의 아이콘으로서 수많은 페르소나로 변신하며
록 스타의 환상적인 이미지를 대중에게 선보여왔죠.

*Glam Rock : 화려한 패션과 무대를 결합한 70년대 영국 중심의 록 장르.

글램 록은 물론, 포크, 펑크 록, 앰비언트, 재즈, 하드 록,
디스코, 전자음악에 이르기까지!
그가 거치지 않은 장르를 찾기 어려울 정도입니다.

부인이
제일
좋아하는
보위의
앨범은

Chic의
나일 로저스와
함께 한
〈Let's Dance〉
(1983)
입니다.

보위의 모든 활동은 그 자체로 혁신이자 창조였고,
그는 음악으로 들려주는 동시에 시각적으로도 보여주는 아티스트였습니다.

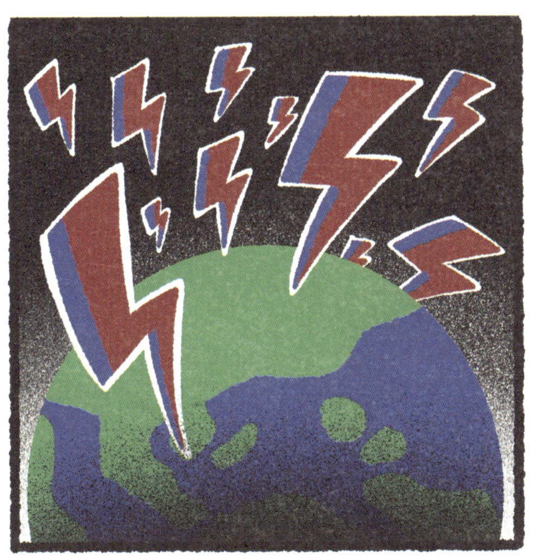

오늘날 지구 위에서 문화 예술을 하는 모든 이들은,
크든 작든 그의 영향 아래 있다고 해도 과언이 아닐 거예요.

인생 최악의 시간을 보내던 삼십 대 중반,
세상이 끝난 것만 같았던 절망 속에서 손을 잡아줬던 것은
데이비드 보위의 'Word on a Wing'이라는 곡이었습니다.

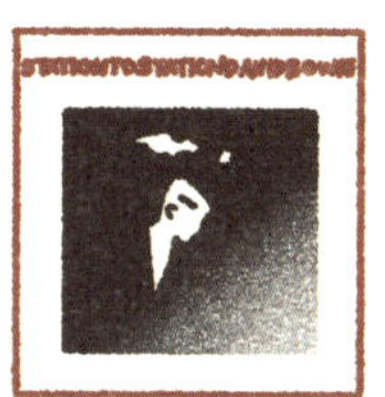

<Low>(1977),
<Heroes>(1977),
<Lodger>(1979)로 이어지는
베를린 3부작 직전의 정규 앨범
<Station To Station>에 수록된 이 노래는
상대적으로 알려진 곡은 아니었어요.

앨범의 분위기는 음울했고 가사는 난해했지만
그게 그렇게 좋더라고요.

그래서 반복해 들었죠.

후에 알게 된 사실은
보위 자신도 절망 속에서 이 노래가
구조 신호였다는 이야기였어요.

아주 특별한 공감이었습니다.

재미있게도 지금은 데이비드 보위를
첫손가락으로 꼽는 사람을
아내로 맞았네요.

처음 만났던 날이
아직도 선명하게 기억나요.

클라이언트와의 첫 미팅 날 TMI 대방출

데이비드 보위 스니커즈를
알아봐 주는 제가 반가웠는지,
발매 날 오픈런을 했다며 자랑했어요.

그리고 서로가 좋아하는
음악 이야기를
늦은 저녁까지 이어갔죠.

인연이란 게 참 묘하더라고요.

1월 8일은 그의 생일이고,
2일 뒤인 10일은 그가 죽은 날입니다.

그래서 매년 1월 초는
마지막 앨범을 발매하고 얼마 지나지 않아
자기 고향인 화성으로 돌아간 데이비드 보위를 기리는 주간입니다.

그럼 함께 들어볼까요?

Station to Station

데이비드 보위 David Bowie

앨범 정보

레 이 블 | RCA
발 매 일 | 1976년 1월 23일
장　　르 | 아트 록, 훵크, 퓨전
재생 시간 | 37:54
프로듀서 | David Bowie, Harry Maslin

소장반 정보 DB 74766 | 2017 | 리이슈 | 유럽

★★★★

앨범 녹음 당시 약에 취해 기억이 전혀 없다고 했지만,
나의 전자 남친(?) 데이비드 보위의 모든 모습을 기억하고 싶어!

★★★★⯪

불안과 중독으로 일그러져가던 씬 화이트 듀크도 음악으로 스스로를
살렸다. 심연 속을 벗어나지 못한 그 시절 나에게도 그의 음악은 구
원자처럼 불쑥 다가왔다.

"""

UNPLUGGED

BY ERIC CLAPTON (1992)

1 Signe
2 Before You Accuse Me
3 Hey Hey
4 Tears in Heaven

1 Lonely Stranger
2 Nobody Knows You When You're Down and Out
3 Layla
4 Running on Faith

1 Walkin' Blues
2 Alberta
3 San Francisco Bay Blues

1 Malted Milk
2 Old Love
3 Rollin' and Tumblin'

에릭 클랩튼은 우리 부부에게
중요한 뮤지션입니다.
튼—먼—

방구와 집을 합치고 제일 먼저 한 일은
서로의 바이닐을 정리하는 것이었어요.

클랩튼을 향한 사랑이 방구 못지않았던 저는 결혼식 때

*'Layla'의 피아노 후반부를
신부 입장곡으로 선곡하기도 했어요.

*1970년 에릭 클랩튼이 주도한 밴드 'Derek and the Dominos'의 앨범에 수록된 곡.
듀언 올맨(Duane Allman)의 슬라이드 기타와 드러머 짐 고든(Jim Gordon)의 피아노 연주가 돋보인다.

특히 2023년에는 에릭 클랩튼의 광팬인
저의 일본인 친구 덕에
부도칸 공연을 앞자리에서 관람했지요!
방푸의
친구
히로 상

80세에 접어든
할아버지지만,

기타를 들고
화염을 뿜어내는 모습은
정말 감격스러웠습니다.

*1990년에 그의 친구 스티비 레이 본이, 그리고 1년도 채 되지 않아 그의 4살 아들이 사망했다.

감정의 기복으로
마음이 싱숭생숭할 때,

누군가와 함께
음악이 필요할 때,

혼자 여행길에 오를 때 등 무의식적으로 노래가 떠오르는 순간이면
항상 이 음반이 가장 먼저 생각났습니다.

그만큼 제게 큰 힘이 되어준 소중한 앨범입니다.

Unplugged

에릭 클랩튼 Eric Clapton

앨범 정보

레 이 블 | Reprise, Duck, MTV
발 매 일 | 1992년 8월 25일
장　　르 | 어쿠스틱 블루스
재생 시간 | 61:47
프 로 듀 서 | Russ Titelman

소장반 정보　9362-49869-3 | 2011 | 리이슈 | 독일

★★★★

MTV 미방송분이 실린 'Enhanced Edition' 버전이 나온대요.
또 사야겠는데?

★★★★★

어렵게 연주하는 법이 없다. 주가 되는 멜로디를 바탕으로 듣기 편안
하게 노래한다. 그게 그렇게 어렵다는 것을 이 앨범을 통해 배웠다.

Youtube

Apple Music

Spotify

Melon

Genie

무한대
BY 한대수 (1989)

SIDE ONE

1. 나혼자
2. 하루아침
3. 또 가야지
4. 마지막 꿈
5. 고무신

SIDE TWO

1. One Day
2. If You Want Me To
3. 'Till That Day
4. Widow's Theme (과부타령)
5. Infinity (무한대) (연주곡)

9 St-Fisk Av

금지곡이라는 명분으로 많은 대중음악들이
유실되었기 때문에 재발매반 마저도 비싸죠.

그러던 중, 단골 중고 매장에서 운 좋게
미개봉 상태의 <무한대>를 구하게 되었어요.

2022년 결혼을 하게 되었고
신혼여행지가 뉴욕임을 아시고 꼭 만나자며

70대 후반
할아버지인데
체력이
엄청나시다!

헤어질 때 우리는 연신 감사의 인사를 남겼어요.
오히려 선생님께서 하루 종일 한국어를 유쾌하게 할 일이 별로 없었는데
덕분에 즐거운 시간이 되었다고 껄껄 웃어주셨습니다.

다음에 또 만나자며
노랫말처럼 '또 가야지'라는 작별 인사를
남기시곤 댁으로 떠나셨습니다.

'할아버지' 한대수는

제가 아는 가장 따뜻한 '어른' 입니다.

무한대

한대수 Hahn Dae-Soo

앨범 정보

레 이 블　|　신세계레코드
발 매 일　|　1989년 5월 5일
장　　르　|　포크, 포크 록
재 생 시 간　|　43:14
프 로 듀 서　|　윤태원

소장반 정보　SIS-890294 | 1989 | 한국

★★★★

코리안 밥 딜런? 코리안 닐 영? 다 필요 없어. 우리 음악사에는 그들과는 또 다른 깊이와 울림을 가진, 독보적인 거목 '한대수'가 있다.

★★★★⯪

'내 이야기', '내 멜로디', '내 창작물'이라는 싱어송라이터적 작가주의의 시작. 어지럽고 혼란스러웠던 그때 그 시절 '진짜 내 안의 노래'를 만들고 부른 최초의 인물.

GUTS
BY OLIVIA RODRIGO (2023)

SIDE ONE

1 all-american bitch
2 bad idea right?
3 vampire
4 lacy
5 ballad of a homeschooled girl
6 making the bed
7 logical

SIDE TWO

1 get him back!
2 love is embarrassing
3 the grudge
4 pretty isn't pretty
5 teenage dream

OLiViA
RoDriGo
GUTS

Guts (2023) | 올리비아 로드리고 Olivia Rodrigo

팝 음악을 즐겨들었던 중학교 시절,
영어가 서툴렀던 저는 그들의 이야기가 궁금했습니다.

시작은 에이브릴 라빈의 'Sk8er Boi' 였어요.

주인공은 스케이트를 타는
다소 불량한 분위기의 소년을 짝사랑하지만,

친구들의 시선을 눈치 보다
사랑의 기회를 놓치고 마는데요.

주변을 의식하느라 나에 대한 표현이 서툴렀던
학창 시절의 제 이야기와 닮아있었습니다.

이후 팝 음악을 찾아 듣기 시작했고,
영어 공부에 재미를 느꼈어요.

아쉽지만 이후 에이브릴 라빈이 선도했던
팝 펑크의 인기가 시들면서 자연스레 멀어졌고

인간관계에 대해서 늘 어설프고 서툴다고만
생각했던 저도 어느덧 서른이 넘었습니다.

*iHeart 라디오 <She is the Voice> 2021년 방송분

유행은 돌고 돈다고, 팝 펑크가 다시 돌아왔어요.
바로 올리비아 로드리고를 통해서요.
데뷔와 동시에 그래미 3관왕을 차지한 <Sour>(2021)는 당해 최고작이었죠.

소포모어 징크스가 무어냐는 듯 <Guts>는
그의 영민함과 뮤지션으로서의 매력을 담아낸 완성도 높은 앨범이라고 생각해요.

*<더 가디언(The Guardian)>지 2021년 인터뷰

무엇보다 '내 이야기'를 중심으로
노래한다는 것이
가장 큰 매력으로 다가왔습니다.

*남들이
흉볼 것 같은
감정들,
어째서
금기시되어야
하지?

왜 우리는
밝아야만 해?

그의 직설적이고 솔직한 이야기는
에이브릴 라빈의 음악에 빠졌던
'10대의 나'로 돌아갈 수 있어 좋았습니다.

남 눈치
보지 말고
우리만의 길을 가자!

너의 감정에
솔직해져 봐!
그냥 사춘기의 감정이
아니라고!

자칫 치기 어리고 서툴러 보일지 몰라도, 그의 잠재력은 어마어마합니다!

여러분의 10대 시절은 어땠나요?
아직 '멋있는 어른'이 되는 법은 잘 모르겠지만,

나의 감정에 솔직해지는 법을
이 앨범을 통해 배워봅니다.

Guts

올리비아 로드리고 Olivia Rodrigo

앨범 정보

레 이 블　|　Geffen
발 매 일　|　2023년 9월 8일
장　　르　|　팝, 팝 펑크, 얼터너티브 록
재생 시간　|　39:18
프로듀서　|　Dan Nigro

소장반 정보　5597742 | 2023 | Target 한정반 | 미국

★★★★

여기저기 생채기로 딱지와 흉터가 생겨도
나는 나를 사랑해! 이 또한 성장이리라!

★★★★

기억 속 저 너머의 팝 펑크를 소환해 내 죽어가는 록의 운명에 마지
막 생명줄을 이어냈다. 과연 록 부활의 불씨일까? 부디 아이콘으로
승승장구하길.

Youtube

Apple Music

Spotify

Melon

Genie

BEYOND THE MISSOURI SKY (SHORT STORIES)

BY CHARLIE HADEN & PAT METHENY (1997)

SIDE ONE

1. Waltz for Ruth
2. Our Spanish Love Song
3. Message to a Friend

SIDE TWO

1. Two for the Road
2. First Song (for Ruth)
3. The Moon Is a Harsh Mistress
4. The Precious Jewel

SIDE THREE

1. He's Gone Away
2. The Moon Song
3. Tears of Rain

SIDE FOUR

1. Cinema Paradiso (love theme)
2. Cinema Paradiso (main theme)
3. Spiritual

205

고등학생 시절 쓰던 MP3는 버튼 소리가 꽤 컸습니다.

늦은 저녁, 미술 학원을 마치고 학원 차에 앉아
이 앨범을 '또각' 재생했던 순간이 기억납니다.
또각

그림에 대한 꿈을 키워왔지만,
남들보다는 늦게 입시 공부를 시작한 편이었어요.
하...

그래서 조급한 마음이 들기도 했던 것 같습니다.
또각
또각
Missouri Sky

내가 좋아서 선택한 '길'에 확신은 없었고,
그저 막연하기만 했어요.

몸과 마음은 시간을 따라잡지 못한 채
불안에 쫓기고 있었죠.

그때 찰리 헤이든의 묵묵한 콘트라베이스와
팻 메시니의 어딘가 쓸쓸한 기타 사운드는
저의 불안한 마음 깊은 곳에 스며들었습니다.

포크와 재즈 요소들이 잔잔히 어우러진 이 앨범은
지금 들어도 그때의 감정과 시간의 기억을 떠올리게 하는
'마법 같은 연주'로 가득합니다.

특히 피날레에서 영화 <시네마 천국>(1988)의 테마 두 곡을
자신들만의 스타일로 연주하는데,

지금도 막연한 위로가 필요할 때면 어김없이 꺼내 듣는 앨범입니다.

Beyond the Missouri Sky (Short Stories)

찰리 헤이든 & 팻 메시니 Charlie Haden & Pat Metheny

앨범 정보

레 이 블　|　Verve
발 매 일　|　1997년 2월 25일
장　　르　|　재즈
재생 시간　|　69:11
프로듀서　|　Charlie Haden, Pat Metheny

소장반 정보　538 322-2 | 2018 | 리이슈 | 프랑스

★★★★★

숨소리만 들어도 내 기분을 알아채고,
힘들 땐 조용히 손을 잡아주는 평생의 친구 같은 앨범.

★★★★

두 거장의 고향인 미주리라는 주제로 함께하는 재즈 마스터피스. 어
쿠스틱한 연주의 교감이 서로를 향한 존경과 신뢰를 넘어서 서정미
의 극치를 이룬다.

Youtube

Apple Music

Spotify

Melon

Genie

신비체험
BY 이상은 (2003)
SIDE ONE
❶ Soulmate
❷ The World is an Orchestra
SIDE TWO
❶ 비밀의 화원
❷ Winter Song
❸ Valkyrie
❹ Soul Deep Sunday
SIDE THREE
❶ Paradise
❷ Indian Flower
❸ Mysterium
SIDE FOUR
❶ Free Man
❷ Voyager
❸ Supersonic
❹ Hidden Track

저에게 사실 이상은의 이름은
라디오 프로그램 <골든디스크> DJ로 친근합니다.

주말의 햇빛이 내리는 창문 밖,
어딘가 따뜻한 전경이 그려지는 그런 프로그램이었어요.

'담다디', '그대 떠난 후' 같은 음악을 선보인
유명 가수였다는 걸 뒤늦게 알게 됐고,
강변가요제 데뷔 영상 속 그의 당찬 모습이 뇌리에 남았습니다.

대중적인 아이돌 이미지에 머물러
큰 부와 명예를 누리며 활동할 수도 있었지만
남이 써준 곡이나 메시지로 말하기를 거부합니다.

나의 이야기를 스스로 만들고 부르는
싱어송라이터가 되기로 한 것이지요.

자신을 하나의 키워드로 규정짓지 않고
독립적이고 예술적인 면모를 다지길 원했어요.

예술가로서 성장하면서 느꼈던 아픔 혹은
개인적인 경험을 표현하는 일이 더 값어치 있을 거라 믿었다고 해요.

이렇게 전곡을 작사 작곡한 <공무도하가>(1995)와 같은
퓨전 앨범을 내면서 싱어송라이터로서의 입지를 키워갔습니다.
이 작품은 *한국 대중음악계에서도 최고의 음악적 가치를 인정받기도 합니다.

*<한국 대중음악 명반 100> 중 10위권 안에 든 유일한 여성 가수

1등을 목표로 두기보다는 내 감정을 솔직하게 전하는 것.
그리고 그 진심을 알아주는 사람들이 분명히 있다는 믿음으로 나아가는 것.

그 순수한 열정을 우직하게 지켜냈습니다.

**2003년 KTV <피플 투 피플> 인터뷰 중.

장르를 불문하고 창작을 업으로 삼는 모든 이들에게 보내는 따뜻한 응원 같았습니다.
단순히 음악 창작에만 국한된 것이 아니라고 느껴졌어요.

그의 발자취를 보며 저 역시 그림을 그리는 사람으로서
배울 점이 많다고 생각했죠.

그런 진심어린 모습을 따르고 싶었던
이상은의 '비밀의 화원'은 <신비체험>에 수록되어 있습니다.

"누구나 조금씩은 틀려, 완벽한 사람은 없어."
"난 다시 태어난 것만 같아. 그대를 만나고부터"

가사는 영원한 사랑을 약속하는 우리에게 안성맞춤의 곡이었어요.
결혼식 축가로 제격이었죠!

마침 이 앨범이 우리 부부의 결혼기념일에
재발매가 되어 의미가 깊습니다.

이렇게 한 아티스트의 창작에 대한 고운 신념은
제 삶에 유유히 꽃이 되어
하나, 둘 피어갑니다.

신비체험

이상은 Lee Sang-Eun

앨범 정보		
레 이 블	|	Music Well
발 매 일	|	2003년 3월 10일
장　　르	|	아트 팝, 일렉트로닉, 인디
재생 시간	|	62:16
프로듀서	|	이상은, Takeda Hajimu, 장영규

소장반 정보 MWLP-01 | 2025 | 독일

★★★★

창작자의 길을 걷는 내게 용기를 준 앨범. 그의 음악을 들으며 오늘도 나는 더 열심히 그려봅니다. 그림과 음악은 떼려야 뗄 수 없는 친구 같은 존재인 것 같아!

★★★★

학창 시절 접했던 '가수는 내 이야기를 해야 한다'라는 인터뷰가 뇌리에 강하게 새겨졌었다. 그는 '비밀의 화원'을 통해 싱어송라이터로 가장 빛나는 순간을 맞이한다.

Youtube	Apple Music	Spotify	Melon	Genie

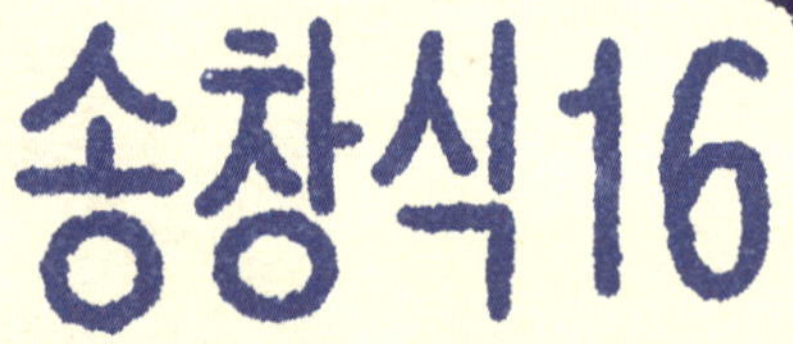

송창식 16

BY 송창식 (1983)

SIDE ONE

❶ 창밖에는 비오고요
❷ 딩동댕 지난여름
❸ 비의 나그네
❹ 진정 난 몰랐네
❺ 꽃, 새, 눈물
❻ 사랑
❼ 철지난 바닷가
❽ 좋아요

SIDE TWO

❶ 상아의 노래
❷ 꽃보다 귀한 여인
❸ 나그네
❹ 애인
❺ 왜 울어
❻ 하얀 손수건
❼ 비와 나
❽ 밤눈

音楽室

올드 팝만 듣던 저는 문득
'과연 이 시기의 한국 음악에는 어떤 것들이 있었을까?'라는 궁금증이 생겼습니다.

7080 시대 한국 뮤지션들의 음악을 열심히 찾아 듣던 중,
'송창식'을 만나게 되었죠.

생맥주와 청바지, 통기타로 상징되는
1970년대 포크 문화를 대표하는 인물인 송창식!

그곳에서 열린 '대학생의 밤'이라는 노래자랑 무대에서
음악 활동을 시작하게 됩니다.

하회탈 같은 싱글벙글한 표정에
기다란 팔을 휘휘 저으며 부르는,
독창적인 음악 스타일이 그의 큰 특징이에요.

송창식 선생님의 작업실에서
인터뷰도 함께 하고
액자에 그림을 담아 선물 드리기도 했어요.

정말 신기한 인연이죠?

가사로 서로의 마음을 전했던 '좋아요'는
우리 부부의 연애편지였고,

함박눈이 내리던 캠핑장에서 함께 듣던 '밤눈'은
그 순간을 떠올리게 하는 필름 사진 같았습니다.

방구와의 첫 회의 장소에서 흘러나와
찬란한 가사에 울어버렸던 '우리는'도 있어요.

이처럼 송창식의 노래들은
우리 부부의 모든 순간을 함께해 주었습니다.
우리는
연인

송창식 16

송창식 Song Chang-Sik

앨범 정보	

레 이 블 ｜ 서울음반
발 매 일 ｜ 1983년 2월 25일
장　　르 ｜ 어덜트 컨템포러리, 포크
재생 시간 ｜ 55:20

소장반 정보 SAP-7006 | 1983 | 한국

★★★★★

통기타가 들려주는 소박하고 정직한 울림에 가장 잘 어울리는 언어는 고운 우리말이라는 것을 알게 해준 가수. 해외의 음악들을 좋아했고 더 멋지다 생각했지만, 꼭 그렇지만도 않더라고. 우리 말로도 얼마든지 더 깊고 넓게 표현될 수 있다는 것을 송창식을 통해서 배웠다.

★★★★

세련된 녹음과 마스터링은 아니지만, 옛 정취와 그 시대를 그대로 느낄 수 있는 레코드. 전성기의 '절창' 송창식의 고운 소리는 우리 마음에 아름다운 낭만을 남긴다.

Apple Music

Spotify

Melon

Genie

CAETANO VELOSO

BY CAETANO VELOSO (1968)

SIDE ONE

❶ Tropicália
❷ Clarice
❸ No Dia Que Eu Vim-Me Embora
❹ Alegria, Alegria
❺ Onde Andarás
❻ Anunciação

SIDE TWO

❶ Superbacana
❷ Paisagem Útil
❸ Clara (feat. Gal Costa)
❹ Soy Loco Por Ti, América
❺ Ave-Maria
❻ Eles

2016년 가을, 자라섬에 그의 목소리가
울려 퍼지던 순간을 잊지 못합니다.

그 공간의 모든 것이 음악이었어요.
애절하면서도 구슬픈 목소리는 여전했고
깊은 여운은 오래도록 기억에 남기에 부족함이 없었습니다.

왜 그렇게 단정했는지는 모르겠지만,
늘 선망했던 카에타누 벨로주가 한국을 찾아와 줄 것이라는
상상을 해본 적이 없었던 터라 더더욱 꿈처럼 느껴졌나 봐요.

대중음악에 대한 대부분의 이슈가
영미권을 중심으로 돌아가지만,

예술과 문화에 관심이 있는 사람이라면 한 번쯤은
카에타누 벨로주라는 이름을 들어봤을 거예요.

인생 자체가 전설로서 추앙받는 음악 아이콘으로
브라질 하면 쉽게 떠오를 수 있는
삼바와 보사노바의 상징적인 인물입니다.

1960년대 후반, 브라질 전역에
트로피칼리아(Tropicália)라는 예술 운동을 낳기도 했습니다.
음악뿐 아니라 영화나 연극, 시를 아우르는 문화 운동을 뜻해요.

동시다발로 트로피칼리아를 선도했던 아티스트 모두는
서로가 서로에게 음악적으로나 사상적으로도 큰 지향점이 되어주었습니다.
그의 커리어에서 절대 빼놓을 수 없는 인물들이 이때 등장하는데요.

그의 동갑내기 친구인 지우베르투 지우와
데뷔 듀엣 앨범 <Domingo>(1967)을 함께 발표했던 갈 코스타,
브라질 대중음악에 전위적이고 실험적인 기운을 불어넣었던 톰 제가 가장 대표적입니다.

'열대 주의'라는 이름의 음악적 사조는
당대 브라질 청년들의 마음과 정신이 되었고,

이 순수한 파동은
군사 정권의 감시 대상으로 전락했습니다.

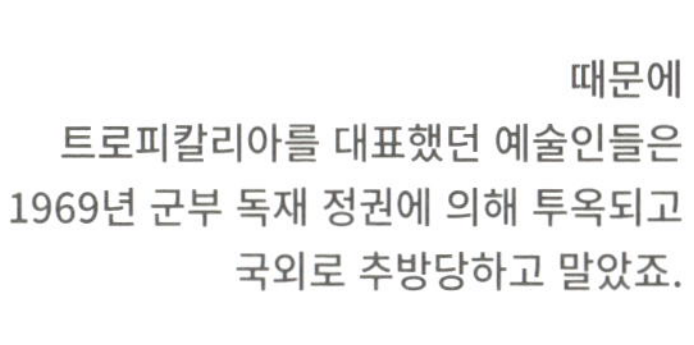

때문에
트로피칼리아를 대표했던 예술인들은
1969년 군부 독재 정권에 의해 투옥되고
국외로 추방당하고 말았죠.

1968년 브라질 사회에 대한 통렬한 시선과 고찰이 담긴 동명작
<Caetano Veloso>는 이후 브라질 대중음악을 아우르게 되는
MPB(Música Popular Brasileira)라는 용어와
그들의 메시지를 전 세계로 알려지게 한 중요한 작품인데요.

이 밖에도 그의 수많은 디스코그래피를 감상할 때면
언어로서의 감정선이 그대로 들리지 않지만,

심금을 울리는 멜로디와 깊고 부드러운 목소리가
순간순간 숨을 멎게 하는 기운을 선사하곤 합니다.

어때요? 브라질 음악, 참 매력적이죠?

Caetano Veloso

카에타누 벨로주 Caetano Veloso

앨범 정보

레 이 블 　|　Philips
발 매 일 　|　1968년
장　　르 　|　MPB, 트로피칼리아
재 생 시 간 |　34:54
프 로 듀 서 |　Manoel Barenbein

소장반 정보　TMR-548 | 2019 | 리이슈 | 미국

그의 노래는 사람들의 생각이 되고 행동이 되었다. 뜻을 함께하는 동료들과 함께 예술로 승화시켜 내는 음유시인. 하지만 음악이 무겁지만은 않아서 더 대단해!

애상에 젖은 듯한 그의 읊조림은 가녀렸지만, 그의 철학과 메시지는 뜨거웠다. 음악으로 세상을 연결하며 브라질 문화 전환기의 선봉을 이끌었다.

| Youtube | Apple Music | Spotify | Melon | Genie |

REALCE

BY GILBERTO GIL (1979)

SIDE ONE

❶ Realce
❷ Sarará Miolo
❸ Superhomem, a Canção
❹ Tradição

SIDE TWO

❶ Marina
❷ Rebento
❸ Toda Menina Baiana
❹ Logunedé
❺ Não Chore Mais (No Woman, No Cry)

10 **Realce (1979)** | 지우베르투 지우 Gilberto Gil

때는 2024년 10월,
서울숲 재즈 페스티벌에 MPB를 대표하는
지우베르투 지우가 내한한다는 소식을 듣게 되었어요.

당연
저희 부부도

빠질 수
없었죠!

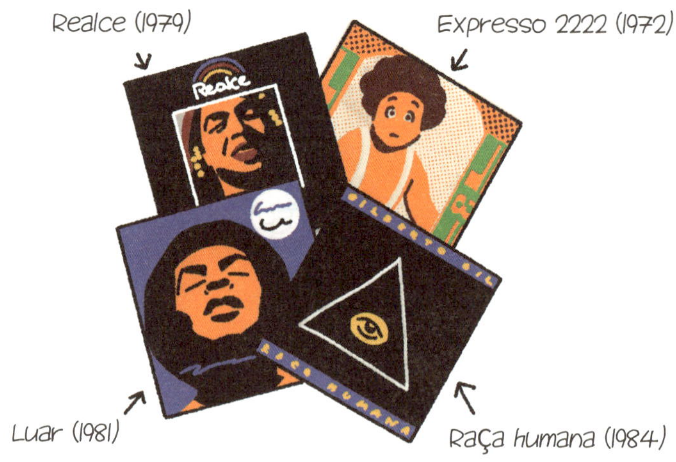

50장이 넘는 앨범을 발표한 그는 83살로
트로피칼리아(Tropicália) 운동을 통해 사회 문제에 목소리를 내었고,
브라질 문화부 장관을 역임하기도 했죠.

리허설부터 흠뻑 빠져
가져왔던 그림과 LP를
연신 머리 위로 흔들고 있었는데요.

이 모습을 유심히 지켜보던,
전담 사진작가처럼 보이는 남자가
다가왔어요.

무대가 끝난 뒤
지우베르투 지우에게 직접
전달할 수 있도록 해주겠다고
약속해 주었습니다.

그저 어안이 벙벙했습니다.

지우베르투 지우는 나이가 무색할 정도로
엄청난 에너지를 뿜어냈어요.

자신의 손자, 손녀들로
투어 멤버를 구성한 무대의 모습은
사랑으로 가득 차 보였습니다.

함께 노래할 수 있는
싱어롱 파트를 소리 높여 유도하고,
귀여운 춤사위(?)도 보여줬어요.

대표 히트곡들을
새로운 편곡으로 연주했고,
라이브로 꼭 듣고 싶었던
'Toda Menina Baiana'까지!

언어는 이해하지 못했지만
모두가 함께 쉬운 멜로디와 단어를
들리는 대로 떼창을 하며
일어나 함께 춤추기 시작했어요.

공연이 끝난 후
우리는 지오반니를 찾았고,
그도 마치 우리를 찾고 있었다는 듯
만나 함께 백스테이지로 향했습니다.

도착한 무대 뒤에는
뒷정리하는 스태프들이
분주하게 움직이고 있었습니다.

우리 부부 이외에도
한국에서 지내고 있는
브라질 팬 몇 명이
그를 만나기 위해 기다리고 있었어요.

친근한 미소를 보이며
LP에 "Paz!(Peace!)"라는
말과 함께 사인을 해주었답니다.

지구 반대편에서 활동하는
전설을 마주하게 되다니!

끝나고 지오반니에게 감사의 인사를 전하고
SNS 아이디를 교환했어요.

이날 하루 느껴졌던 서울숲의 향긋한 가을 공기와
전 세계적인 거장과 잊지 못할 만남,

우리 부부에게 영원히 기억될 추억이 되었습니다.

Realce

지우베르투 지우 Gilberto Gil

앨범 정보

레 이 블	|	Warner Bros.
발 매 일	|	1979년 8월 15일
장　　르	|	MPB
재생 시간	|	38:16
프로듀서	|	Marco Mazzola

소장반 정보　WEA 91 022 | 1979 | 리이슈 | 독일

★★★★★

MPB의 다채로운 맛을 느껴보고 싶다면 입문용으로 제격! 브라질 전통인 삼바와 보사노바에 가미된 휭크라니... 절대 그냥 지나치기 없기!

★★★★☆

짧았지만 백스테이지에서의 만남은 지금도 꿈만 같다. 영원토록 브라질의 문화 사상과 청년의 시대정신을 대변할 트로피칼리아의 아이콘.

Youtube

Apple Music

Spotify

Melon

오랜만에 '희망 사항'이 수록된 앨범 〈너에게로 또다시〉(1989) 듣는데 좋더라!
오~ 작곡가 노영심이 만든 재밌는 노래지.

같은 노영심 작사의 이상우가 부른 '그녀를 만나는 곳 100m 전'도 생각난다.
장미꽃 한송이를 안겨줄까~

어렸을 때 TV에 자주 나왔는데!
히어로!
?
?
?
......
8X년생
9X년생

*산울림 - 개구장이
(1979)

*김수철 -
치키치키 차카차카
(1991)

*동방신기 - Hug(포옹)(2004)

오아시스의 갤러거 형제가 재결합을 선언하고
2025년에 내한 공연이 확정되었습니다.

1차는 추첨을 통해 예매 기회가 주어졌고,
2차는 일반 예매 방식으로 남은 티켓을 구매할 수 있었습니다.

선예매 당일
오전 11시 30분
하느님석 (맨 뒷좌석)
이라도 사와
돗자리 펴고
기다리고 있을게
응~
*나 오아시스
이미 두 번 봤는데
해볼게~
*부인인 저도
얄밉습니다.

준비~ 시~
티켓
판매처
오전 11시 59분

작!
탕!
티켓
판매처
오후 12시 정각

방구가 왜
안 오지?
오후 12시 30분
티켓
나 두 리암노벨
봤다
티켓

오후 12시 40분
흐엥...
너덜...
너덜...
뭐여!
왜 혼자 왔어?
티켓은?
잉 잉...

선생님. 우리 방구가 결제창에서 렉 먹었다는데요.
티켓 판매처
그러게 새로고침 하지 말랬잖아요!

방구! 아이디 비밀번호 뭐야?
내가 뛰어갔다 올게.
훌쩍 훌쩍
ID/PW

오후 2시경
대기자 3천 명
2시간이나 지났는데
왜 아직도 줄 서있어?

저거다!
악!
스탠딩B구역

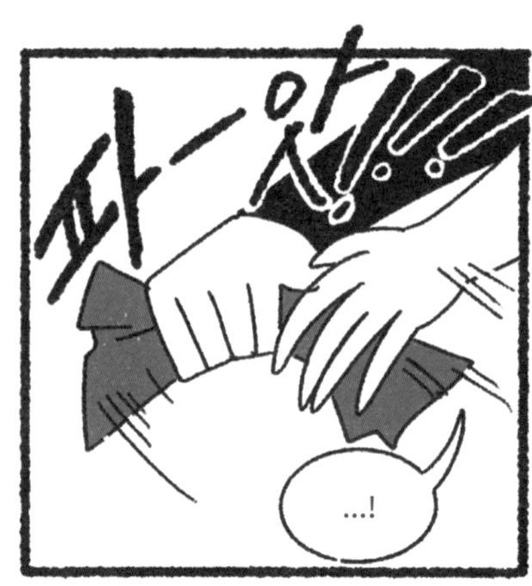

파ㅡ앗!!!
....!

이미...

선택된 좌석입니다.
?!!!

으앗!
매크로

오후 4시경...

이번
생은

글렀나
봐

.....!!!

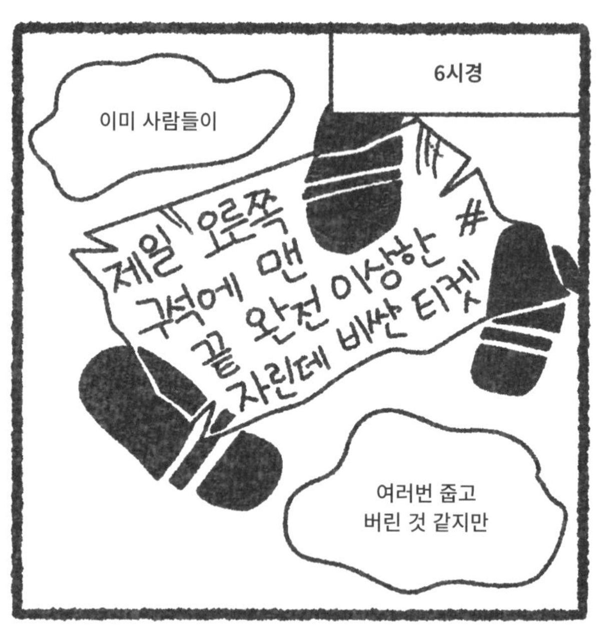

방구와 구역이 다르지만...
나도 어찌 저찌 본다 오아시스!

* 비디 아이 (Beady Eye)
  : 오아시스 해체 후 리암 갤러거가 결성한 밴드. 60-70년대의 짙은 브리티시 록이 인상적이다.

** 노엘 갤러거 하이 플라잉 버즈 (Noel Gallagher's High Flying Birds)
  : 노엘 갤러거가 주도한 밴드. 비평적으로 꾸준히 좋은 평가를 받으며 성공적인 솔로 커리어가 되었다.

음악을 듣는 새로운 방법

BRINGING IT ALL BACK HOME

BY BOB DYLAN (1965)

SIDE ONE

1. Subterranean Homesick Blues
2. She Belongs to Me
3. Maggie's Farm
4. Love Minus Zero/No Limit
5. Outlaw Blues
6. On the Road Again
7. Bob Dylan's 115th Dream

SIDE TWO

1. Mr. Tambourine Man
2. Gates of Eden
3. It's Alright, Ma (I'm Only Bleeding)
4. It's All Over Now, Baby Blue

Bringing It All Back Home (1965) | 밥 딜런 Bob Dylan

비단 음악계뿐 아니라 전 세계 대중문화의 상징적인 존재입니다.
인류 삶의 영역에 그의 사상이 스며들지 않은 부분이 없다고 해도 과언은 아닐 것입니다.

활동과 동시에 당시 대중은
그의 가사 하나하나에 매달리는 실정이었다고 할 정도의
거대한 영향력을 사회에 끼쳤다고 합니다.

그의 노랫말은 대중가수 최초로 노벨문학상의 영광을 얻기도 했어요.

근데 저는
이 대단하다는 음악이
그렇게 들리지 않았어요.

좋아서라기보다는
알아야겠다는 마음으로
정말이지 꾸역꾸역
듣던 음악가였죠.

마틴 스코세이지의
넷플릭스 다큐
〈롤링 선더 레뷰〉
(2019)

토드 헤인즈의 영화
〈아임 낫 데어〉
← (2007)

베개 두께의
한글 가사집 →

나름의 자료 공부와 노력에도
그 음악에 대한 흥미를 찾지 못했고 늘 무료하다고 느꼈습니다.

티모테 샬라메
(Timothée
Chalamet)
→

'이만하면 난 밥 딜런을 그냥 싫어하는 것일까?'라고 포기하던 그 시점,
배우 티모테 샬라메가 주연한 영화 <컴플리트 언노운>(2025)을 관람하고
새로운 밥 딜런을 만나게 되었어요.

미국 음악계에 통기타 하나 메고 혜성같이 등장해
'저항의 시'를 내뱉었던 포크 뮤지션 '바비'.

곱슬머리에 깡마른 체구였던 어린 딜런은
뉴욕 그리니치 빌리지에서 다양한 예술가들과 비트족들 사이에서
창작력을 불태우며 노래했습니다.

이후 1965년, '뉴포트 포크 페스티벌(Newport Folk Festival)'에서
통기타가 아닌 전자 기타에 앰프를 꽂아
'Maggie's Farm'을 연주하며 포크 록의 시대를 열었죠.
지금까지도 대중음악사의 중요한 순간으로 기록되고 있어요.

억지로 공부하듯 들은
그의 음악이었는데,

음악이 아닌
영화라는 매체를 통해 접하니
다르게 들리고 보였어요.

그동안 밥 딜런의 생애만
집중해서 다룬 영화가 없었거든요.

베트남 전쟁으로
다양한 예술가들이 목소리를 높이던
60년대의 뉴욕 모습 재연이
무척 흥미로웠습니다.

영화를 보고 제대로 빠진 앨범이
바로 'Maggie's Farm'이 수록된
<Bringing It All Back Home>
이었는데요.

어쩌면 일렉트릭 기타의 사운드를
처음 선보였다는 점이
짜릿하게 다가왔어요.

*Cafe Wha? : 맨해튼 그리니치 빌리지에 있는 클럽. 지미 헨드릭스, 피터 폴&메리, 벨벳 언더그라운드 등
커리어 초창기의 많은 뮤지션들이 이곳을 거쳐갔다.

아! 그리고 아델의 'Make You Feel My Love'가
원래는 밥 딜런이 만든 노래라는 사실, 알고 계셨나요?

그가 만든 곡은 다른 가수의 목소리로
자주 불리게 되면서 더 큰 사랑을 받기도 했어요.

참고로 2012년에 발매된 <Chimes of Freedom>에는
정말 수많은 명가수의 커버 버전이 수록되어 있어요.
밥 딜런이 여전히 어려운 사람들에게 입문 앨범으로 추천하고 싶습니다.

Bringing It All Back Home

밥 딜런 Bob Dylan

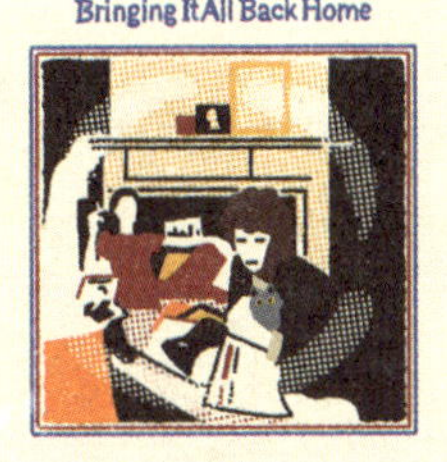

앨범 정보

레 이 블 | Columbia
발 매 일 | 1965년 3월 22일
장　　르 | 포크 록, 포크, 블루스
재생 시간 | 47:21
프 로 듀 서 | Tom Wilson

소장반 정보　CL 2328 | 2015 | 리이슈 | 유럽

★★★☆

이제야 밥 딜런의 음악이 조금은(?) 들리기 시작한 나,
이만하면 다 큰 어른이 된 걸까? 후후.

★★★★

그의 언어가 음악에 새겨진 이후로 뮤지션들은 가사에 철학과 사상
을 심어내기를 몰두했다. 이 작품은 동시에 그가 뛰어난 멜로디 메이
커임을 확인시켜주기에 더 귀하다.

Youtube

Apple Music

Spotify

Melon

Genie

HEARTATTACK AND VINE

BY TOM WAITS (1980)

② **Heartattack and Vine (1980)** | 톰 웨이츠 Tom Waits

톰 웨이츠를 처음 알게 된 건

감독 짐 자무시의 <다운 바이 로>(1986)와
<커피와 담배>(2003)라는 영화에서였습니다.

* 이기 팝(Iggy Pop) : 미국의 싱어송라이터이자 배우.
그룹 스투지스(The Stooges)에서 보컬로 활동했으며 펑크의 대부(Godfather of Punk)라고 불린다.

당시에는 그들이 뮤지션이라는 사실보다
옴니버스 형태의 영화에 집중했고,
음악은 방구와 드라이브 도중에 듣게 되었어요.

피아노와 함께 취해가는 모습을 담은 곡인
'The Piano Has Been Drinking (Not Me)'는
진짜 이야기꾼의 만담을 접한 듯 집중하게 했어요.

마법 같은 호소력은 그의 가장 큰 매력이죠.

그의 시적인 영어 가사를 100% 이해하지 못하지만
유머러스한 자조와 세상을 향한 조소가 섞인 비유는
무릎을 '탁' 치게 해요.

무대 위 퍼포먼스는
그야말로 압도적이에요.

손짓, 발짓, 그렁거리는 숨소리까지!
하나하나가 표현의 정수였어요.
말 그대로 '종합 예술인'이죠.

디스코그래피는 대체로
거칠고 전위적인 매력이 공존하기에
진입 장벽이 높은 편이지만,

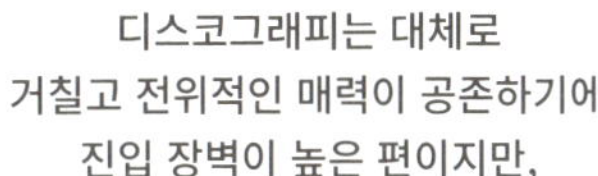

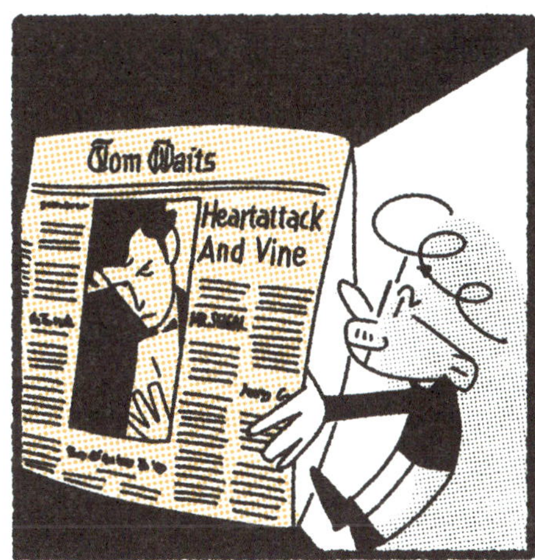

그중에도
아름다운 멜로디를 담은 보석들이
하나둘씩 꼭 즐비합니다.

이 앨범에 수록된 'Jersey Girl'이 그래요.
곡 작업을 함께 했던 아내를 향한
서정적인 멜로디의 세레나데가 담긴 곡이거든요.

그의 출구 없는 무한 매력을 느껴보자고요!

Heartattack and Vine

톰 웨이츠 Tom Waits

앨범 정보

레 이 블 | Asylum
발 매 일 | 1980년 9월 9일
장　　르 | 블루스 록, 포크, 퓨전
재 생 시 간 | 44:31
프 로 듀 서 | Bones Howe

소장반 정보 7571-1 | 2018 | 리이슈 | 유럽

마라탕 5단계 먹고 후식으로 위스키 한 입, 다크초콜릿 한 입.

처음에는 철 수세미 같은 것이 목에 걸려있으신가 했다. 하지만 부지불식간에 특유의 그로울링과 샤우팅 늪에 빠져버렸다. 인류 문화재로 지정해야 하는 싱어송라이터계의 위인.

Youtube

Apple Music

Spotify

Melon

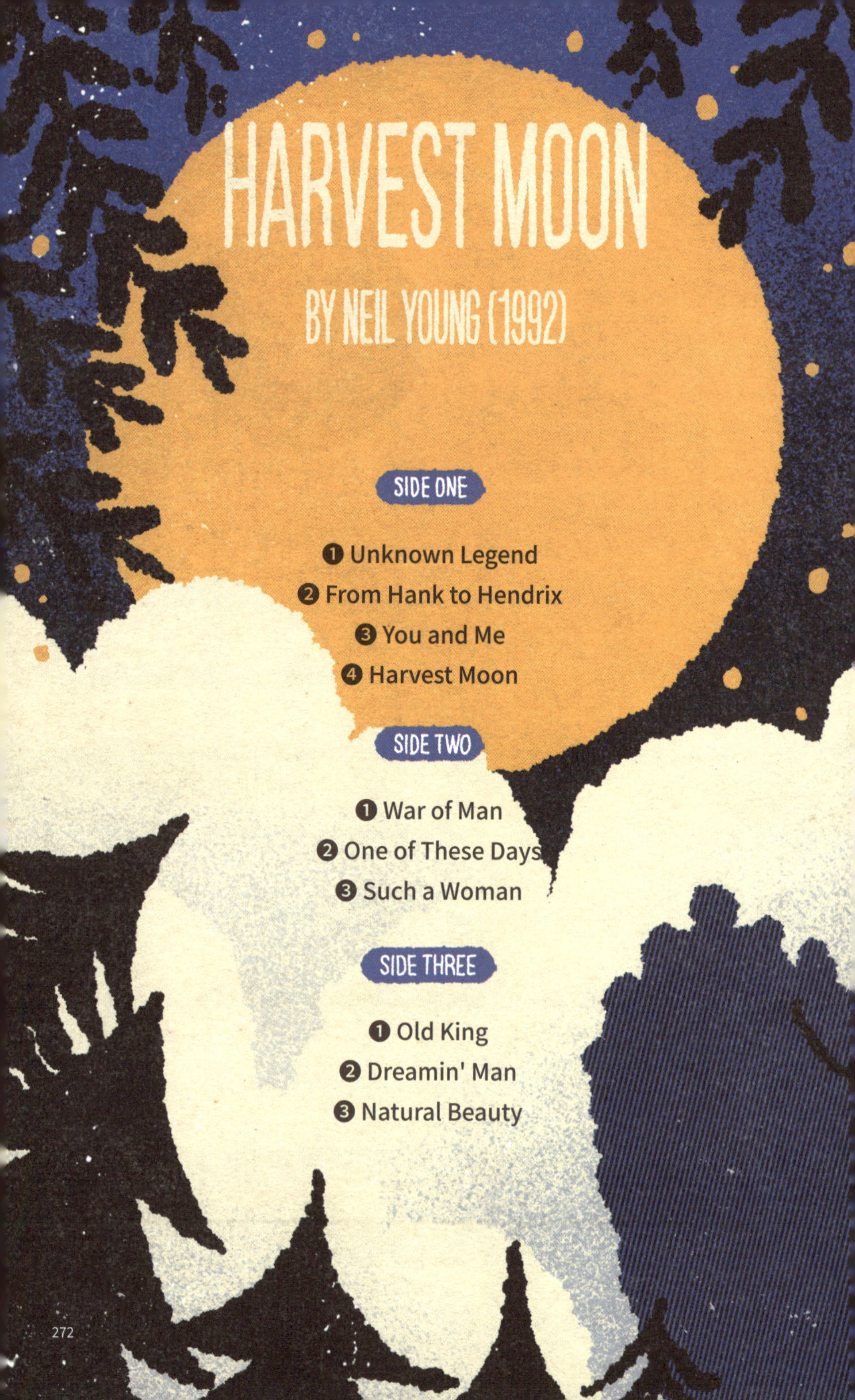

HARVEST MOON
BY NEIL YOUNG (1992)

SIDE ONE

1 Unknown Legend
2 From Hank to Hendrix
3 You and Me
4 Harvest Moon

SIDE TWO

1 War of Man
2 One of These Days
3 Such a Woman

SIDE THREE

1 Old King
2 Dreamin' Man
3 Natural Beauty

Harvest Moon (1992) | 닐 영 Neil Young

캐나다 가수 닐 영은
여전히 통기타와 전자기타를 오가며
현역으로 활동 중입니다.

변하지 않은 것이 있다면 비음 가득한 가녀린 목소리뿐이랄까요?

그 소박함의 정서가
제 마음에 자리 잡았던

첫 번째 곡은
'Harvest Moon'
입니다.

곡을 듣다 보면
'쓱~ 쓱~' 하는 소리가
담겨있어요.

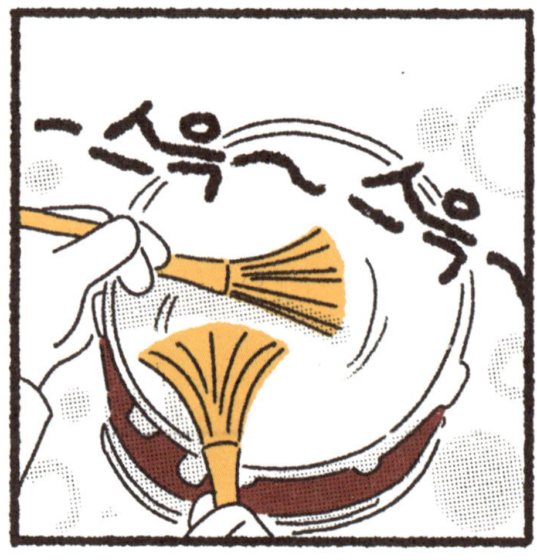

헤드셋으로 감상했을 때
브러시 스틱을
스네어에 비벼 내는
소리인 줄 알았지만,

나중에 뮤직비디오와 라이브 영상을 보니
진짜 빗자루로 쓸어내는 소리였습니다!

닐 영의 노래는 진한 인생의 맛을 찾게 합니다.

Harvest Moon

닐 영 Neil Young

앨범 정보

레 이 블	|	Reprise
발 매 일	|	1992년 11월 2일
장　　르	|	포크, 포크 록, 컨트리
재생 시간	|	51:39
프로듀서	|	Neil Young, Ben Keith

소장반 정보　9362-49107-8 | 2017 | 리이슈 | 네덜란드

★★★★

나이가 들어도 닐 영은 늘 영(Young)!
그리고 나, 터프하지만은 않아!

★★★★

내게 '일렉기타 닐 영' VS '통기타 닐 영'에서의 승자는 후자다. 작품
에 수록된 모든 레이드 백 트랙은 그 커리어 중에서도 단연코 최고다.

Youtube	Apple Music	Spotify	Melon	Genie

THE RETURN OF N.EX.T PART 1: THE BEING

BY N.EX.T (1994)

SIDE ONE

❶ The Return of N.EX.T (Instrument)
❷ The Destruction of the Shell : 껍질의 파괴
I) Overture II) The Shell III) The Joy for the Destruction
❸ 이중인격자
❹ The Dreamer

SIDE TWO

❶ 날아라 병아리
❷ 나는 남들과 다르다
❸ Life Manufacturing (Instrument) : 생명생산
❹ The Ocean : 불멸에 관하여

The Return of N.EX.T Part 1 : The Being (1994) | 넥스트 N.EX.T

20대 초반, 신해철의 '일상으로의 초대'를 듣고
무엇인가에 감전이라도 당한 것 같은 찌릿한 충격을 받았습니다.

'띠또 띠또' 하고 울리는 귀여운 전자음의 도입부에
중저음으로 시작하는 그의 목소리는
당시의 제 마음을 채우기에 충분했어요.

저에게 때로는 위로를,
때로는 정신 차리라며 따끔한 말을 건네는 좋은 친구 같았습니다.

*신해철 - 나에게 쓰는 편지(1991)   **신해철 - It's Alright(1998)

그렇게 처음 신해철을 만났지만,
아쉽게도 얼마 뒤 TV에서 그의 부고를 접했습니다.

왜 이제야 만나게 되었나,
만나자마자 이별을 한 기분이었어요.

방구는 신해철 하면 빼놓을 수 없는 라디오 프로그램
<고스트 스테이션>에 대해서 자주 이야기했습니다.

*** 

이만하면 방송사고(?)가 아닌가 싶을 정도로 진행했지만

***강병철과 삼태기 - 삼태기 메들리 (1982)

지금의 '유튜브 라이브 방송'처럼
청취자들과 직접 소통하며 시시콜콜한 이야기는 물론
고민에 대해 깊은 이야기까지 해주는 다정한 형 같다고 해주었죠.

사실 넥스트와
신해철의 음반은
구하기가 쉬운 편이었어요.

하지만 LP 시장이
사장하던 90년대 시기의
음반은 가수를 불문하고
정말 귀한 편인데요.

지금도 사랑받는 넥스트의 1994년 작
<The Return of N.EX.T Part 1 : The Being>은 더 그랬죠.

지구에서
작고 하찮은 존재라
자존감이 바닥을 칠 때

듣기 좋은
메탈 작품이
가득합니다.

휭키한
메탈 사운드가 연상되는
'나는 남들과 다르다',

플레이 버튼을
누름과 동시에
헤드뱅잉이 절로 나오는
'이중인격자',

실험적인 작업을 즐겼던 신해철 풍의 프로그레시브 메탈 넘버
'The Destruction of the Shell: 껍질의 파괴'는
이 음반을 더욱 특별하게 해주었어요.

*수록곡 'The Ocean'

'The Ocean'과 'The Dreamer'와 같은 잔잔하고 서정적인 곡들은
그의 전지전능한 음악 스펙트럼을 확인하기에 좋은 트랙들이죠.

신해철은 어렸을 때 키우던
병아리 '얄리'의 죽음에 대해 노래하는데요.

어린 시절 갑작스럽게 찾아온 '죽음'을
솔직하고 나지막한 그 특유의 음성으로
'죽음에 대한 슬픔'과 '상실로 이어지는 허무'에 대해 노래합니다.

당신과 함께여서 많은 것이 새로워졌고, 달라졌습니다.
그의 곡과 함께하는 앞으로의 시간은 어떨까요?

좋은 음악과 이야기, 앞으로도 마음에 담고 살게요.
고맙습니다!

The Return of N.EX.T Part 1 : The Being
넥스트 N.EX.T

앨범 정보

레 이 블 | 대영AV
발 매 일 | 1994년 5월 1일
장 르 | 프로그레시브 메탈, 하드 록, 아트 록
재생 시간 | 40:43
프로듀서 | 신해철

소장반 정보 DYL-033 | 1994 | 한국

★★★★⯪

음악과 별개로 그가 남긴 많은 언어들은 내게 큰 위로가 되었다. 하고 싶은 음악 장르를 다 한 것 같은 기분이 느껴져 더 심금을 울린다. 신나게 머리 흔들다가 마지막 'The Ocean'에서는 눈물방울 뚝뚝.

★★★★

신해철은 별의별 음악을 다했던 가수였다. 그 중심에는 메탈이 있었고 이 앨범은 '록 커리어'의 정점이었다. 희대의 명곡 '날아라 병아리'는 눈물 많았던 초등학생의 나를 기억하게 해준다.

| Youtube | Apple Music | Spotify | Melon | Genie |

THE KÖLN CONCERT

BY KEITH JARRETT (1975)

'100% 즉흥 창작'이라는 앨범의 소개 문구는
음악팬 입장에서 자극적으로 들렸어요.
100% IMPROVISED!
KEITH JARRETT
THE KÖLN CONCERT

쾰른 오페라 하우스에서의 콘서트는
재즈 임프로비제이션 (Improvisation),
즉, 즉흥 연주의
신기원이라고 합니다.

미국의 피아니스트이자 작곡가인
키스 재럿의 이 앨범은 사골처럼 우리고
또 우려도 진국이 나옵니다.

연이은 공연에 잠도 잘 못 자고 심각한 허리 통증
때문에 컨디션이 매우 열약했음에도
그의 연주의 경지는 가늠이 안될 정도예요.

아이고~

언제 들어도
황홀감으로 가득 찬 감상에
젖어들 수 있고

과장을 조금 보태면
들을 때마다 깜짝깜짝
놀라게 됩니다.

전혀 즉흥적이지 않은
클래식 음악과는
반대되는 그의 피아노 연주지만

클래식 연주에서의
소나타처럼

유려한 주제 선율이
전개되는 듯한
즐거움이 있습니다.

파트를 넷으로 나눈 것도
악장의 개념으로 보자면,

재즈와 클래식 간의
경계를 허무는 느낌도 들어요.

무수히 많은 장점을 가진 작품이지만,
딱 하나만 꼽자면 '라이브'에 대한 청각적 쾌감을 고스란히 담고 있다는 점이에요.

스스로를 지휘하듯 휘몰아치는 연주를 하다가도

으아아아!
들썩
들썩

탄식과 발을 구르는 소리도 함께 녹음되어 있어
생생한 현장감을 더하지요.

공연장에 가고 싶어도 갈 수 없는 극한의 상황.
이 한 장만 있다면 그곳이 어디든 오페라 하우스입니다!

The Köln Concert

키스 재럿 Keith Jarrett

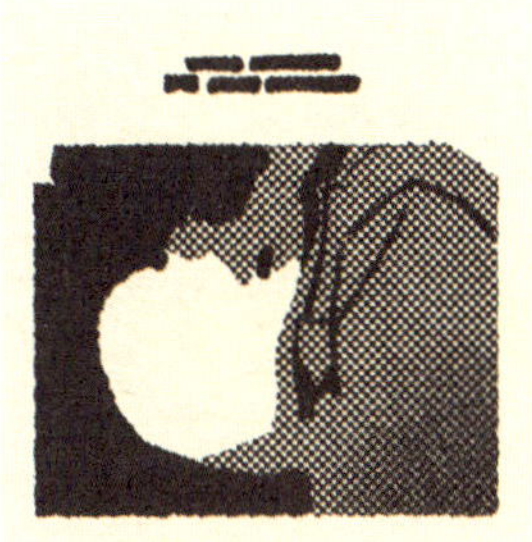 

앨범 정보		
레 이 블	|	ECM
발 매 일	|	1975년 11월 30일
장　　르	|	재즈
재생 시간	|	1:06:07
프로듀서	|	Manfred Eicher

소장반 정보　ECM 1064/65 | 2010 | 리이슈 | 독일

★★★★

키스 재럿의 신음 소리와 발 구르는 소리도
음표로 표현할 수 있을 것 같아

★★★★★

4악장으로 이루어진 클래식적 구성 + 아름다운 선율을 담은 뉴에이
지의 감성 + 신적 영역을 오가는 재즈의 즉흥성 = 답은 '완벽' 그 자
체다.

Youtube	Apple Music	Spotify	Melon	Genie

산울림 제2집

BY 산울림 (1978)

SIDE ONE

❶ 내 마음에 주단을 깔고
❷ 노래 불러요
❸ 안개속에 핀 꽃
❹ 둘이서
❺ 기대어 잠든 아이처럼

SIDE TWO

❶ 어느날 피었네
❷ 나 어떡해
❸ 이 기쁨
❹ 정말 그런것 같애
❺ 떠나는 우리 님

보석 같은 한국 가요의 참맛을 알아가던 대학교 시절,

산울림의 '내 마음에 주단을 깔고'를 처음 듣게 된 장소는

홍대의 '곱창전골'이라는 LP 바였어요.

'산울림'을 알게 된 그 순간은 꽤 큰 충격이었죠.

사실 멤버 '김창완'은 배우로 더 익숙했었거든요!

앨범 표지를 크레파스로 직접 그리며, 당시의
정형화된 제작 방식을 과감히 깨뜨렸다.

특히 저는 잊을 수 없는 추억이 있는데요.
김창완이 게스트인 라디오를 방청하였고,
1집 초반을
들고 갔다! →
선물로 준비한 그림을 방송에서 직접 보여드리며
이야기하는 기회를 얻었어요.

DJ 정엽
←
어떤 곡을 들으며 그렸냐는 질문에
'찻잔'을 들으며 그렸다고 이야기했죠.
정말 좋아하는 곡이거든요.

이후 광고가 흘러나오는 상황에서 기타를 다시금 들더니
'찻잔'을 연주해 주셨어요.

감동의 눈물이 멈출 줄 몰랐습니다.
아, 다시 생각해도 떨리네요!

산울림 제2집

산울림 Sanullim

앨범 정보

레 이 블	|	서라벌레코드
발 매 일	|	1978년 5월 10일
장　　르	|	사이키델릭 록, 개러지 록
재생 시간	|	42:10
프로듀서	|	방기남

소장반 정보　SR-0104 | 1978 | 한국

★★★★★

내가 산울림의 노래와 가사를 이해할 수 있다는, 자랑스러운 한국인임을 일깨워 준 사이키델릭 형제들의 선물. 단순히 '노래'를 넘어 모든 세대가 함께 나누는 특별한 이야기이자 유산이다.

★★★★☆

한국형 로-파이 펑크 록의 신화적인 작품. 장난기와 순수함이 어우러진 노랫말에 더해진 파격과 혁신의 음악으로 청춘의 마음을 사로잡았다.

Youtube	Apple Music	Spotify	Melon	Genie

작은거인 2집
BY 작은거인 (1981)

SIDE ONE

❶ 별리
❷ 새야
❸ 행복
❹ 어둠의 세계 (경음악)

SIDE TWO

❶ 어쩌면 좋아
❷ 외로움
❸ 알면서도
❹ 일곱색깔 무지개

한국 최고의 록 기타리스트는?
저는 '김수철'이라 답할래요.

대학생 때 7080 음악에 흠뻑 취해
유튜브를 통해 그 시절의 자료들을 찾아봤어요.

가장 흥미로웠던 콘텐츠는 '가요제 시리즈'!
요즘도 많은 팬이 즐기는 경연 프로그램의 시초가 되는 공연이었고,

지금까지 전설로 남아있는 원로 뮤지션들의
앳된 모습을 발견할 수 있어 참 좋았어요.

연주력만큼은 누구에게도 뒤지지 않는 김수철이지만,
그는 무엇보다 음악성으로 자신만의 빛을 발하는 아티스트입니다.

앨범을 녹음할 당시의 열악한 기술과 환경,
촉박한 시간으로 한계를 느낄 무렵!

한 일본인 엔지니어가 찾아옵니다.

그의 이름은 '기타가와 마사토'.
언어가 통하지 않았지만 쿵짝이 매우 잘 맞아서
순조롭게 잘 마칠 수 있었대요.

*Kitagawa Masato(北川正人) : 무려 마츠바라 미키(松原みき), 오카자키 유키(岡崎友紀) 등 일본의 유명
가수들을 프로듀싱했던 엔지니어. 앨범에는 'Gidagawa'라고 표기. 디스콕스에 검색이 됩니다.

40년이 넘는 시간 동안 우직하게 국악에 천착하기도 했던 그는
2023년 동서양 오케스트라를 구성하여 공연을 성공적으로 이뤄냈습니다.

*<김수철 45주년 기념 앨범 너는 어디에>(2024)를 발매하며
본연이라 할 록뿐만 아니라 다양한 장르에서 현역의 모습으로 들려주는 김수철.
과거와 현재에 안주하지 않고 미래에 끊임없이 도전하는 거장입니다.

*2025 한국대중음악상 최우수 록-음반 & 노래 부문에 노미네이트 되었다.

작은거인 2집

작은거인(김수철) Little Big Man

앨범 정보

레 이 블	|	오아시스레코드
발 매 일	|	1981년 4월 10일
장　　르	|	하드 록
재생 시간	|	41:13
프로듀서	|	김수철

소장반 정보 STKL-1003 | 2020 | 캐나다

★★★★★

할머니가 돼서도 계속 꿈을 꾸며 그림 그리고 싶다는 마음을 품게 되었다. 강렬한 메탈과 하드 록 사운드 속에서 영원한 젊음이 있을 것만 같은, 나에게 특별한 인생 명반.

★★★★☆

김수철이 '대중음악의 거인'으로 이름을 알리는데 시작이 된 본격 하드 록. 한국 음반 업계는 '스튜디오 녹음'이 얼마나 중요한지 이 앨범을 통해 배웠다.

Youtube	Apple Music	Spotify	Melon	Genie

송골매 2집
BY 송골매 (1982)

SIDE ONE

❶ 어쩌다 마주친 그대
❷ 우리들
❸ 그대는 나는
❹ 다시한번
❺ 세상만사

SIDE TWO

❶ 하다 못해 이 가슴을
❷ 모두 다 사랑하리
❸ 빨리 빨리
❹ 내 마음의 꽃 / 길지 않은 시간이었네
❺ 바람

흰 수염이
가장 멋지고
잘 어울리는 인물은?

답은
'배철수'
입니다.

기존 송골매 구성원이었던 지덕엽과 이응수가 밴드를 떠나고

홍익대학교 밴드 '블랙 테트라'의 구창모와 멤버들을 새로 영입하여
2집 활동을 하게 됩니다.

구창모는 은쟁반 위에
옥구슬이 굴러가는 듯한
맑고 청아한 목소리를 가진
팝 싱어였습니다.

배철수는 하드 록을 중심에 두고
밴드의 사운드를 이끌어가는
핵심적인 역할을 맡고 있었죠.

더욱이 멤버 전원이
작사, 작곡에 능해
디스코와 훵크(Funk)까지
자유자재로 넘나들었습니다.

그래서 송골매 2집은
다채로운 음악적 스펙트럼을 겸비한
명반이 될 조건이 충분했어요.

게다가
김수철이 작곡에 참여한
'모두 다 사랑하리'는
밴드의 대표곡으로
자리 잡게 됩니다.

블랙 테트라와 송골매의 곡을 메들리로 엮은
'내 마음의 꽃 / 길지 않은 시간이었네'는
꼭 들어보시길 추천해 드립니다.

'각자가 만든 다른 작품이 하나처럼 조화를 이루는 것을 보고
함께할 수밖에 없었구나'
라는 아저씨의 인터뷰를 보며

운명과 인연 같은 단어를
함께 떠올려 보기도 합니다.

송골매 2집

송골매 Songolmae

앨범 정보

레 이 블 | 지구레코드
발 매 일 | 1982년 1월 15일
장　　르 | 훵크 록, 하드 록
재생 시간 | 34:58
프 로 듀 서 | 송골매

소장반 정보 JLS-120 1684 | 1982 | 한국

★★★★★

80년대 나이트클럽으로 돌아가서 송골매의 디스코 사운드를 직접 느껴보고 싶다. 유튜브에 남아 있는 몇 영상만으로도 감사할 따름 이지만, 그 시절의 열기를 진짜 한 번쯤 경험해 볼 수 있다면 얼마나 좋을까! 누가 타임머신 개발 안 하나?

★★★★⯪

비로소 '배철수-구창모 체제'로 날아오르기 시작한 한국 최초의 록 스타. '한국에 록 밴드가 있었나?' 송골매가 그 첫 발걸음이라 해도 과언이 아니다.

Youtube

Apple Music

Spotify

Melon

Genie

배철수 아저씨의 음반 <Fly Again>과
MBC 라디오 <배철수의 음악캠프> 35주년
티셔츠 로고를 작업하게 되었습니다.
35th

때는 작년 9월, 음악평론가 임진모 선생님의
자녀분 결혼식장에서 아저씨를 만났습니다.
민지
안녕~
아저씨~

내가 신보를 준비중인데...
오!

앨범 재킷을
민지가 그려줬으면 하네.
오옹?
오아아악!!!

부푼 마음을 안고
하루하루를 지냈습니다.

6시가 되면 어김없이 라디오에서
아저씨의 시시콜콜 이야기를 들으며
마음속으로만 안부를 여쭀었죠.

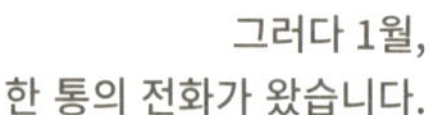

그러다 1월,
한 통의 전화가 왔습니다.

기다리고 기다리던
철수 아저씨로부터요!

앨범 재킷 이야기를
하고 싶으시다며
MBC에서 같이
점심 식사를 하자고 하셨습니다.

PD님은 35주년을 위한
굿즈 제작에 로고 작업을
맡기고 싶다고 하셨어요.

아저씨께서는 사소한 것들도
모두 기억해 주고 계셨습니다.
(조금 부끄)

귀가하자마자 폭풍 자료 수집과
스케치를 우다다 그렸습니다.

정말 행복한 마음으로 그림을 그렸어요.

그렇게 3월 4일 화요일,
앨범 <Fly Again>이 발매되었고

3월 19일, <배철수의 음악캠프>
35주년 생일이 되었습니다.

중학생 때부터 들은 저도
감회가 새로운데

제작진들은
어떤 기분이었을까요?

스튜디오가 복작복작해져서
밖에 나와 기다리려고 하던 중,

같이 사진 찍어야지.

저는 이때까지도
그저 오래도록 음악캠프를 좋아했던
애청자라고만 생각했는데

아저씨는 저를
큰 존재로 만들어 주셨습니다.

그런 기분이 들었습니다.

실은 아직도 실감이 나지 않습니다.

정말 애정하는 가수의 40년 만에 낸 앨범과

매일 6시마다 만나왔던 친구 같은 라디오 프로그램에
저의 그림을 담은 기분을요.

찰칵-!

MOTOWN
Epic
Gordy
T. Rex
EMI

주크박스 히어로

오늘은 어떤 음반을 들어 볼까?
송골매 2집!

정말 마르고 닳도록 듣는군.

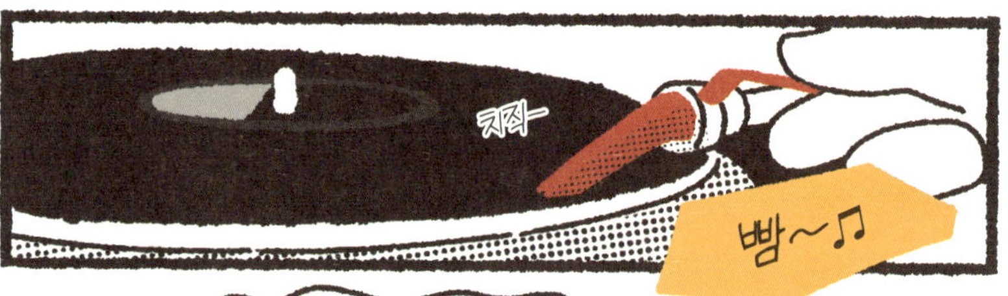

치직~
빰~♫

신나는 음악인데 왜 이리 졸리지...?
빠라밤♫
꾸벅
꾸벅
빠라밤♫
디깅을 너무 열심히 했나...?

Oasis
Polydor

겸댕이!
컥!

일어나! 큰일났어!
속보입니다.

일어나서 뉴스 좀 봐 봐!
음냐...

속보 의문의 소행성 접
현재 의문의 소행성이
지구를 향해 접근 중입니다.
.....
.....
끄덕
끄덕

실제 상황입니다.
곧 충돌하오니 우주선으로 모두
대피하시기 바랍니다.
레코드 담아갈
트롤리 가방
챙겨올게!
무슨 음반 가져가지?
나도 골라놓고 있을게!

다시 한번 알려드립니다.
현재 의문의 소행성이
지구를 향해 접근 중입니다.

우주선으로 모두 대피하시기 바랍니다.
곧 우주선이 이륙하오니...
방구!

송골매랑 산울림 앨범 챙겼지?
응 챙겼지!
다시 한번 알려드립니다.
현재 의문의 소행성이...
프린스 앨범
알판 잘 맞는지 확인했어?
그럼!
깨끗이 닦아서 왔어

*데이비드 보위의 'Space Oddity'(1969) 가사에 등장하는 주인공 이름

그렇게 음악밖에 모르는
우리 부부는

원판 모양의
미지의 행성에 도착하게 됩니다.

……

꿍
깍!

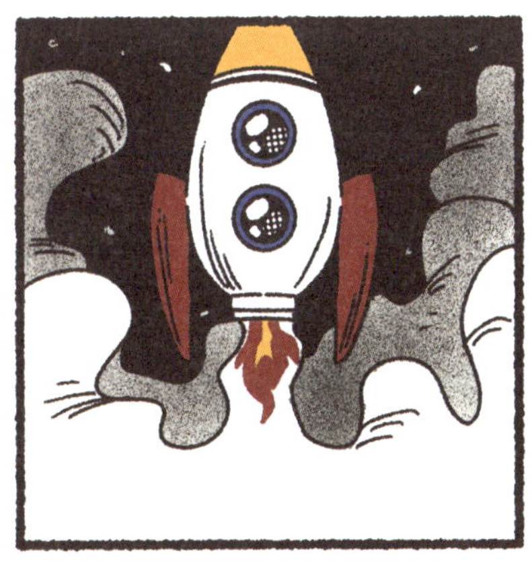

* 엘튼 존의 <Honky Château>(1972) 수록곡

외계인이다!!

꺄아악-!! 다들 도망쳐-!!
스으…

팟!

!!!
치지저ー직…
!??
어쩌다 마주친~♫
자... 자세히 보니 저 외계인...
웅성~
웅성~
그대 모습에~♫
내 마음을 ♫
빼앗겨 버렸네♫
턴테이블 머리를 갖고 있어!

그리하여 음악 바보 부부는
*주크 박스 히어로가 되어

새로운 터전을 음악으로 가득 채워
외계인들과 공생하게 되었습니다.

*록 밴드 포리너(Foreigner)의 <4>(1981) 수록곡

마치 바이닐 레코드처럼 납작한 모양으로 잘려

각자 다른 행성(?)이 되었습니다.
예쁜 컬러반이네요.

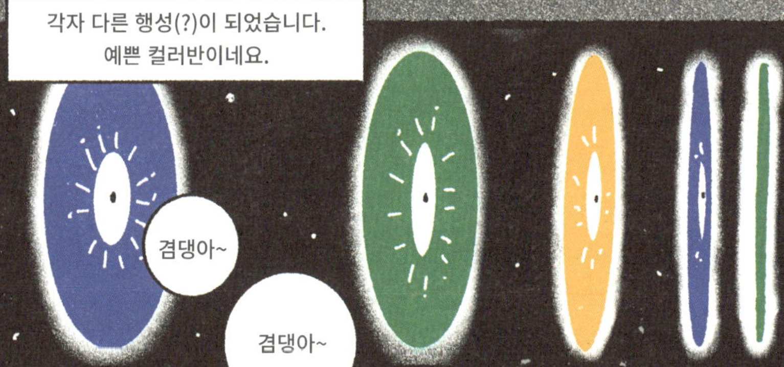

겸댕이~
일어나야지~
쿨—
쿨—
빨리 일어나.
6시야.
*배캠 들어야 해!
저녁밥 먹어야지.
벌떡!
*라디오 프로그램 <배철수의 음악캠프>의 약자.
B면이 끝나도록 쿨쿨 잤어.
엥? 우리랑 같이
춤추던 외계인들은
모두 어디갔어?
아이고. 겸댕이가
그새 꿈을 꿨구나.

아니 막 지구에
LP판 닮은 운석이 떨어져서
다른 행성으로 탈출했다니까?
턴테이블 머리를 한
외계인을 봤다고!
오늘 디깅하느라
많이 피곤했나 보다.
최릉!

오늘은 판 산다고 소비 많이 했으니까
당분간 외식이랑 배달 음식은
자제하자.
진짜 꿈이었나 봐.
Fin.

레코드를 모으는 사람들

음악을 좋아하다 보니 레코드를 모으는 사람들을 자주 만나게 됩니다.
그러다 문득, 이들은 어떤 마음으로 음반을 수집할까 궁금해졌습니다.

클릭 한 번이면 음악을 들을 수 있는 시대에,
왜 부피도 크고 손도 많이 가는 음반을 굳이 모은 걸까요?

음악을 업으로 삼은 사람들부터
레코드 수집가, 그리고 그저 음악을 진심으로 사랑하는 이들까지
50인의 이야기를 인터뷰로 담았습니다.

*가나다순

질문지

1. 처음 산 LP에는 어떤 사연이 있나요?

2. 레코드에서 느끼는 매력은?

3. 음반을 모으는 사람들에게 하고 싶은 말

10년 전, 신촌의 중고 책방에서 유재하의 <사랑하기 때문에>(1987)를 구입했다. 가장 사랑하는 앨범이고 가격도 저렴했는데, 무엇보다 LP 커버에 'xx가, 89년, 목마 레코드에서'라고 쓰여있는 건 아직도 인상적이다.

과거의 음악을 발매 당시 가장 대중적인 감상 방법과 매체로 들을 수 있다는 점이다. 그 음악을 가장 이상적인 방식으로 감상하는 것이라고 확신하기 때문이다.

누군가에겐 이해할 수 없는 영역일지 몰라도, 우리는 음악의 진정한 가치를 알고 있습니다. 그 가치를 존중하는 마음으로 시간과 돈을 아낌없이 투자한다는 사실에 자부심을 느낍니다. 앞으로도 부지런히 모으고, 열심히 듣고, 깊이 사랑합시다.

20대 후반 대학 졸업반 시절, 큰 외주 하나를 하고 꿈에 그리던 첫 자취를 시작하였습니다. 버킷리스트였던 턴테이블을 사면서 LP를 모으게 되었어요. 그 당시에는 클래식 록 밴드에 푹 빠져 있었는데, 핑크 플로이드의 <The Dark Side of the Moon>(1973), 레드 제플린의 <Led Zeppelin >(1969) 그리고 데렉 앤 더 도미노스의 <Layla and Other Assorted Love Songs> 이렇게 3장을 나의 첫 LP로 맞이하였습니다.

이 음반이 신곡이었던 시절에 어디서 플레이되다가 우리 집에 오게 되었을까 하는 재밌는 상상을 하게 돼요. 상태들이 다 다르거든요. 특히 한국 음반을 구매할 때 가끔 커버에 편지를 써놓은 분들이 계세요. 분명히 사랑하는 가족이나 친구, 연인에게 선물한 판일 텐데 말이에요. 이거 좀 낭만적이지 않나요?

그림도 음악도 아날로그는 못 잃어.

권요섭 | '헬카페' 대표

처음 일했던 카페 커피 볶는 곰다방 폐업 때 유일하게 가져온 <동물원 2집>(1988).

인터넷이 안 돼도 들을 수 있는 안전함. 스트리밍 플레이리스트는 진정한 내 것이 아닙니다.

비싸고 귀한 음반 많이 사시고 중고로 많이 내주셔야 시장이 커지고 돕니다. 저도 좀 싸게 사고.

김근호 | 충무로 피자가게 사장님

훵크라는 장르를 깊게 파보고 싶었고 그 길잡이가 LP 가게 사장님이었으면 좋겠다는 생각이 들었습니다.

레코드 가게로 향하는 기대로 시작해 턴테이블로 향하는 기대로 마무리되는 여정.

잦은 이사는 엄청난 스트레스가 될 겁니다.

김도헌 | 대중음악평론가

나는 바이닐 세대가 아니다. 오래된 전축과 오디오 시스템은 잦은 이사 과정에서 어느 순간 사라져 버렸다. 아들이 음악에 관심이 있다는 걸 알게 된 부모님이 창고 어느 구석에 먼지 쌓인 레코드 몇 장을 찾아 꺼내 보내준 게 내 인생 최초의 바이닐이었다. 돌이켜보면 운이 참 좋다. 그 작품이 무한궤도의 <우리 앞의 생이 끝나갈 때>(1989)였으니 말이다.

레코드 구입은 마음만 먹으면 편하게 음악을 들을 수 있는 스트리밍 감상의 시대에 음악을 물질로 소유, 사용, 보관하겠다는 의지의 표현이다. 그런데 요즘은 그냥 마음에 들면 산다.

바이닐을 모으다 보면 음악에 주눅이 들 때가 있다. 들을 음악은 너무 많은데 남은 생은 그리 많지 않은 것 같다. 우리 앞으로 살아가면서 음악 더 많이 듣고 다 같이 행복해요.

살면서 처음 유럽, 그것도 암스테르담에 갔습니다. 레코드 가게에 들어가서 구경하다가 사장님에게 네덜란드 뮤지션 중에 추천할 앨범이 있냐고 물어봤어요. '더치 레게'라며 골라주신 앨범이 두 마르(Doe Maar)의 <Doe Maar>(1979)라는 음반입니다. 암스테르담의 첫인상처럼 앨범 아트워크가 상당히 충격이었는데요.

그때는 플레이어가 없어 듣지를 못하다가 몇 년 후에 음악을 들었어요. 레게 비트가 일렁거리고, 여름 햇살을 닮은 기타 톤, 몽롱한 하이텐션, 그리고 나른한 기운이 가득했습니다. 지금도 음악을 들으면 첫 유럽 여행의 울렁거림, 벅참이 떠오릅니다. (참고로 Doe Maar는 네덜란드어로 "그냥 해"라는 뜻이라고 합니다.)

<정엽의 LP카페>라는 라디오 프로그램을 담당했습니다. 타이틀이 타이틀인 만큼 매일 20여 개의 방송 전곡을 LP로 플레이했는데요. LP는 검색이 안 되어 매일 손으로 찾아야 하잖아요. 힘들었어요. 하지만 '상자 파기'를 하다 보면 '아니 이 곡이', '아니 이 앨범이' 하며 우연의 기쁨을 만날 수 있었습니다. 게다가 사연 없는 LP 없다고, 다양한 청취자분들의 사연을 들을 수 있어 즐거웠어요.

파리에 갔을 때 프랑스의 재즈 피아니스트 미셸 페트루치아니(Michel Petrucciani)의 레코드를 사려고 돌아다녔는데요. 의외로 찾기가 어려워 결국 삐뚤빼뚤 뮤지션 이름을 쪽지에 써서 직원에게 물어봐야만 했습니다. 언어는 다르지만, 레코드 직원도 음악 마니아다 보니 '야 너두 야 나두' 같은 어렴풋하게 통하는 게 있더군요. 현지 전문가의 추천이나 로컬 뮤지션의 LP를 사는 것. 한국에서 접하기 어려운 음악가의 음반을 사는 것도 레코드를 모으는 재미가 아닐까요.

김슬우 ㅣ 북촌 이자카야 '프루' 운영

멋이 아닌 듣기 위한 레코드의 첫 구매의 동기는 밴드 탈퇴 후 은둔 무림 고수처럼 지내던 존 프루시안테가 LA의 어느 숍에서 재즈 LP를 구매한 사진이 인스타그램에 떠도는 것을 보게 된 것이었습니다. 마침, 재즈를 듣고자 하던 차에 내 사랑 존 프루시안테도 재즈를!? 이라며 구매했던 기억이 납니다. 그 앨범은 올리브 넬슨(Olive Nelson)의 <The Blues and the Abstract Truth>(1961)입니다.

모든 것이 자동화 되어가는 세상에서 레코드의 가치는 단순히 금액적인 것을 차치하더라도 상승 곡선을 그리고 있는 듯 보입니다. 아무래도 인간은 '이야기'로 삶을 채워나가는 동물이기에 그렇다고 생각하는데요, 이를테면 직접 재배한 작물로 밥을 지어 식사하는 것과 알고리즘으로 추천받은 메뉴를 배달 음식으로 식사하는 것에 차이로 예를 들 수 있을 것 같습니다.

개인적인 생각이지만 위의 얘기와 더불어 요즘에는 특히나 더, 무언가를 얻는 데에 물리적 과정이 많은 행위가 오히려 중히 여겨지는 것 같습니다. 엘피가 그것의 아주 좋은 표본이라 생각합니다.

김광국의 화첩 : 석농화원의 부친 발문 중 '지즉위진애 애즉위진간 간즉축지이비도축야'.
"알면 곧 참으로 사랑하게 되고, 사랑하면 참으로 보게 되고, 볼 줄 알게 되면 모으게 되니 그것은 한갓 모으는 것은 아니다."

김영혁 | 레코드숍 '김밥레코즈' 운영

누나와 형과 공동 구매한 LP들이 그전에 몇 장 있었고, 아마도 내 용돈 100%로 처음 산 LP는 브루스 혼스비 앤 더 레인지(Bruce Hornsby & The Range)의 <The Way It Is>(1986)였던 것 같다. 음악 듣는 폭이 그리 넓지 않았던 중1 학생이었는데 AFKN의 'American Top 40'에서 들었던 타이틀곡의 피아노 전주가 맘에 들어서 음반이 나오면 사겠다고 벼르고 있었다. 학교 가는 길에 제법 큰 6차선 길이 있었고 횡단보도를 건너면 레코드 가게가 하나 있었는데 진열대에 이 LP가 올라온 걸 보고 흥분했던 기억이 난다.

어느 날 갑자기 CD에 담긴 아트워크나 작은 글씨가 보기에 답답하다는 생각이 들었다. 그런데 바이닐 레코드로 제작되는 음반이 몇 장 없다 보니 CD를 사야만 했고 그에 대한 불만이 쌓여가던 찰나, 2007년부터였나 갑자기 미국에서 새로운 레코드들이 많이 나오기 시작했고 그러면서 자연스럽게 주로 사는 음반 포맷이 바뀌었다. 패키지 크기가 가져다주는 차이가 결정적이었던 것 같다.

부피 때문에 언제나 공간을 확보해야 하고, 많이 사고 나니까 이사 갈 때마다 애로사항이 많다. 그래서 '왜 이렇게 많이 샀나?'라며 책망하다가도 소중한 추억이나 기록이 담긴 레코드와 시디를 방구석에서 만나면 온몸에 갑자기 생기가 돌아 오르는 걸 느끼게 된다. 남는 건 사진뿐이라는 얘기를 많이들 하는데, 음반도 삶의 중요한 기록으로 남을 가능성이 높으니 음반을 샀던 장소나 구매 이유, 혹은 그날의 풍경 같은 걸 레코드 안에 메모처럼 남겨놓으면 나중에 근사한 개인 아카이브로 남을 것 같다.

내 주위 '판자'들에 비하면 나는 판을 모은다는 표현조차 쓰기 부끄러운 사람이다. 내가 레코드판을 사는 이유는 세 가지 (1) 해당 음악가를 구매로 응원하고 싶거나, (2) 패키지가 소장 욕구를 자극하거나, (3) 지금이 아니면 살 수 없는 판일 때뿐이다. 오랜 기억을 헤집어 첫 LP 구매 품목이 무엇이었는지 겨우 떠올렸다. 마쓰다 세이코(松田聖子)의 '푸른 산호초(青い珊瑚礁)'(1980)였다. 2004년, 일본에 살던 나는 온 동네의 'BOOK OFF'를 뒤지며 싸고 좋은 앨범을 사는 데 혈안이 되어 있었다. 인기가 많아 많이 팔린 앨범일수록 좋은 상태의 값싼 물건이 많았다. 산더미처럼 쌓인 7인치 더미 한가운데 '세이코 컷'을 하고 정면을 애처롭게 바라보는 눈동자를 발견했다. 구매 사유는 분명 (2)번이었다.

크고 아름답다.

이삿짐센터 분들에게 늘 감사하는 마음을 가집시다. 그리고 애써 팔지 마세요. 어차피 울면서 도로 사게 되더라고요.

반복 듣기 못하는 내가 천 번 이상 들었던 유일한 곡, 누자베스(Nujabes)의 'Luv(Sic), Part 2'가 담긴 앨범 <Luv(Sic) Hexalogy>(2015)를 10년 고민 끝에 샀고 그 이후 LP 사재기가 시작되었다.

특히 재즈, 올드 팝 바이닐은 마치 라이브를 그대로 담은 것처럼 사운드가 살아 숨 쉰다. 바이닐 특유의 따뜻한 소리가 심장을 뛰게 한다.

우리 열심히 돈 벌어서 앨범 사러 가요!

1988년 고3 때 부모님이 사 준 일체형 뮤직센터에 LP 플레이어가 달려있어서 테스트용으로 비틀스의 <Abbey Road>(1969), 사이먼 앤 가펑클의 <Greatest Hits>(1972), 엘비스 프레슬리의 <Elvis' Golden Records>(1958)를 구매했었어요. 하지만 나의 첫 LP가 뭐냐고 누가 물어오면 비슷한 시기에 내가 간절히 원했고 너무 갖고 싶어 용돈을 모아 미군 부대 근처 레코드 가게에서 구매한 금지곡이 없는 비틀스의 미국반 <Sgt. Pepper's Lonely Hearts Club Band>(1967)라고 이야기합니다. 빨리 듣고 싶어 버스 타고 집에 가는데 시간이 너무 느리게 가는 게 느껴질 정도였습니다.

음악을 듣기 위해 준비하는 과정이 단점이기도 하지만 그게 저에게는 장점으로 다가옵니다. 앨범 전체를 다 듣고 싶을 때는 CD나 음원보다 LP 레코드에 손이 갑니다.

언젠가부터 모으는 것보다 모은 이것을 어떻게 정리를 해야 하나를 생각하게 하게 됩니다. 귀한 음반을 나보다 더 간절한 지인이 있으면 그냥 보내드립니다. 보내준 음반도 내 것으로 생각하면 행복하지요. 천천히 하나씩 보내는 게 즐거울 수도 있습니다. 죽으면 가지고 가지도 못하는 것을…

개인적으로는 음반을 접할 기회가 많아서 운이 좋았다고 생각한다. 동네마다 레코드 숍이 있기도 했고 친한 친구 부모님께서 도매점을 운영했었다. 그 집 창고에 가면 반품용 LP들이 쌓여있었는데, 레코드가 휘어 불량으로 취급되거나 표지가 찢어진 것 등 판매하기 어려운 판들을 편하게 볼 수 있었다. 사실 듣는 데는 지장이 없어서 많은 음반의 표지와 속지 등을 보고, 또 들을 수 있었다. 아무래도 나에게는 공장가로 싸게 줬었다.

질문으로 돌아가 처음 산 엘피는 영화 <스트리트 오브 파이어(Streets of Fire)>(1984) OST였던 것 같다. 학생이라 돈은 부족하고 판은 갖고 싶은 마음에 현실적으로 가성비 있는 음반을 선택했다. LP 한 장을 사면 여러 가수의 히트곡을 한 번에 들을 수 있었으니 안성맞춤이었다.

어찌 보면 가장 싸게 현대 예술을 소장할 수 있는, 가장 가성비 있는 방법이 LP가 아닐까 싶다. 줄리언 오피(Julian Opie)의 그림이 수십억씩 할 텐데, 블러의 베스트앨범을 사면 그의 그림을 소장하는 것이나 다름없다. 그뿐인가. 레드 핫 칠리 페퍼스의 <I'm With You>(2011)는 무려 데미안 허스트(Damien Hirst)의 작품 아닌가. 앤디 워홀이야 워낙 유명한 작업을 많이 하기도 했고. 레코드를 소장한다는 것은 음악 자체는 물론이거니와 유명한 예술가들의 진품 가질 수 있는 가성비 있는 행위다. 허세 부리기 아주 좋은 장치이자 추억이다.

괜찮은 앨범 하나 있으면 여러 분야로 풍성해진다. 앞서 이야기한 것처럼 커버 디자인을 통한 여러 정보를 접할 수도 있고, 재미있는 비즈니스의 세계도 엿볼 수 있다. 디지털을 통해서만 접하다 보면 음악 속의 많은 인물들을 접하기는 어렵다. 작품의 아티스트와 프로듀서, 세션맨과 엔지니어의 면면을 따라가다 보면 더 넓은 세계와 연결되는 경험을 하게 된다. 우리는 좋은 음반을 통해 무한 확장을 만끽하고 있다.

10대 때부터 최애 밴드였던 더 도어스의 데뷔 앨범 <The Doors>(1967) 초판을 스무 살 셀프 선물로 구입했습니다. 당시 막 오픈한 홍대 메타복스에 초판이 입고됐다는 소식을 듣고 바로 달려가서 구입했어요. 초판이라 꽤 고가였지만 릴리즈되었던 당시의 그것을 듣고 싶었습니다.

손으로 직접 만질 수 있다는 것! 바이닐로 디제이를 시작해서 몇 년간 바이닐을 만지작거리다가 *CDJ로 넘어가게 되면서 손으로 만져지지 않는다는 사실에 한참을 당황했던 기억이 있습니다. 재킷에서 꺼내고 바늘을 올리고 매번 잘 닦아주는 등등의 행위 덕분에 그 음악이 더 각별하게 느껴지는 것 같습니다.

조금 더 투자해서 좋은 앰프와 좋은 스피커를 마련하시길... 그리고 이사할 때 조심하세요!

*Pioneer DJ에서 만든 디지털 CD 플레이어. 디제잉을 위한 다양한 기능이 있다.

마쓰다 세이코의 '푸른 산호초'가 처음으로 저의 돈으로 산 레코드입니다. 12살 때였어요. 부모님이 카세트 파여서 집에 레코드 플레이어가 없었기 때문에 저렴한 포터블 플레이어와 함께 샀습니다.

松田聖子の「青い珊瑚礁」が初めて自分のお金で買ったレコードです。12歳のときでした。親がカセット派で家にレコード・プレーヤーがなかったので、安価なポータブル・プレーヤーと一緒に買いました。

'푸른 산호초'에 바늘을 놓고 음악이 흘러나왔을 때의 놀라움과 기쁨을 지금도 기억합니다. 레코드는 마법이라고 생각합니다.

「青い珊瑚礁」に針を落として音楽が流れ出たときの驚きと喜びを今も覚えています。レコードは魔法だと思います。

여러분, 중고 레코드 좋아하세요? 아까 산 신보도 제가 들은 것으로 중고 레코드가 되었습니다. 이것이 다음 세대에 걸쳐 계속해서 전해지는 것입니다. 레코드를 모으는 것은 역사를 연결한다는 것입니다.

みなさん、中古レコードは好きですか？さっき買った新譜も自分が聴いたことで中古レコードになりました。これが次の世代に渡り、聴き継がれるのです。レコードを集めることは歴史を繋げるということなのです。

테이프만 사다가 고1 때 친구 집에서 대학생 누나의 엘피들을 보고 반해 나도 사기 시작. 브라이언 아담스(Bryan Adams)의 <Reckless>(1984) 앨범이 1호.

플라스틱 판이 회전하며 소리를 내는 모습은 아직도 경이로움.

요즘 새로 만든 재발매반보다는 60~80년대 오리지널 중고 LP를 구해보세요. 느낌이 훨씬 좋고 대부분 더 싸답니다.

첫 음반은 중학교 입학 후 클리프 리처드(Cliff Richard)나 폴 앵카(Paul Anka) 등이 수록된 옴니버스 앨범으로 부친이 월급날마다 주시는 첫 용돈으로 구입한 기억.

시각, 후각, 촉각, 청각, 미각, 도파민, 말초신경, 교감신경, 자율신경계, 호르몬 등에 관여하는 마법!

The Long and Winding Road!

박소영 ｜ MBC 라디오 〈음악캠프〉 작가

배철수의 음악캠프 작가로 일하면서 많은 게스트, 특히 해외 아티스트들로부터 LP를 선물 받곤 했어요. 하지만 저는 정작 턴테이블이 없었기에, 그 LP들은 한동안 제게 '폼 나는 소품' 이상의 의미를 가지지 못했죠. 시간이 지날수록 방 한편에 쌓여가는 LP를 보며 소장의 즐거움만이 아닌 '듣는 재미'도 느껴보고 싶었고, 결국 턴테이블을 뒤늦게나마 들이게 됐어요. 그때 비로소 LP라는 세계를 처음 제대로 접했고, 이제는 내돈내산 고오급(?) 취미로 자리 잡게 되었답니다!

라디오와 레코드는 공통점이 있어요. 바로 약간의 '번거로움'. 요즘은 라디오도, 음악도 애플리케이션 하나면 손쉽게 들을 수 있지만, 저는 여전히 '지지직' 주파수를 맞추며 원하는 방송을 찾아가는 그 시간이 좋아요. 레코드도 마찬가지죠. 굳이 원하는 바이닐을 찾아 꺼내고, 표면에 들러붙은 먼지를 털어, 조심스레 턴테이블에 바늘을 올려놓는 일련의 과정들. 손이 가고, 시간이 들고, 어쩌면 불편한 그 순간들이 음악을 더 '듣게' 만든다고 생각해요. 흘려 듣는 것이 아니라, 기다리고, 준비하고, 집중하게 되는 감각. 그 '번거로움'이 레코드가 가진 매력입니다.

책 한 권을 읽는 데는 일주일이 걸릴 수도 있고, 길게는 몇 주가 걸리기도 하죠. 어떤 페이지는 한 달이 지나서야 이해되기도 하고요. 그런데 음악은 단 4분이면 알 수 있어요. 그래서 음악은 많이 들으면 들을수록, 더 많이 '들리게' 된답니다. 단 4분이면 되니까요. 여러분도 팍팍한 일상 속, 4분 투자하시고 광명 찾으시길 바라요!

1981년 중학교 2학년이었던 저를 음악의 나락으로 빠뜨려버린 영화가 두 개 있었으니 <블루스 브라더스(The Blues Brothers)>(1980)와 <롤러 부기(Roller Boogie)>(1979)였습니다. 레코드 가게에서 <롤러 부기> 사운드트랙 더블 앨범을 산 게 LP 수집의 첫 시작이었습니다. 당시 정식 발매가 안 된 복사판이었는데 사장님은 준 라이선스라는 이상한 명칭으로 중학생인 저에게 사기를 치신 듯합니다만 그 음반을 들을 때마다 인생이 행복하다고 느꼈습니다.

LP는 이미 50년대에 더 이상 발전할 수 없을 정도로 완성된 포맷입니다. 그때 당시의 음반을 지금 들어도 놀라울 정도죠. 비디오테이프나 DVD를 다시 보면 화질 때문에 그 영화를 안 보게 되는 것과 비교되지요. 모든 면에서 아날로그의 정점이자 '완성체'입니다.

음반을 선물하세요. 그 무엇보다 소중한 음반이기에 선물 주고받는 마음이 얼마나 큰지 잘 아실 겁니다. 저는 종종 저의 장례식 때 오시는 분들에게 저의 LP를 나눠드리는 상상을 하곤 합니다.

배순탁 ㅣ 음악평론가, 방송작가, 〈레코드 맨〉 번역

초등학생이었던 1987년 미국 출장을 다녀온 아버지가 사 온 마이클 잭슨의 <Bad>(1987)가 출발이었습니다. 카세트 테이프였는데 몇 년 뒤 LP로 다시 산 게 기억납니다. 이 음반이 준 충격은 어마어마했어요. 완전히 다른 세상이 열린 느낌. 가히 천지개벽. 이전까지 좋아하던 음악과는 모든 면에서 달랐어요. 마이클 잭슨 특유의 창법이 너무 야하게 들린 것도 생각납니다. 그래서 이걸 들어야 하나 고민도 했는데 유혹을 뿌리칠 수가 없었죠.

휴버트 드레이퍼스(Hubert Dreyfus)의 말로 대신합니다. "인간에게는 신체를 가지고 있는 한 추방할 수 없는 기본적인 욕구가 있다." 물리적인 접촉이라는 건 우리의 생각 이상으로 우리에게 중요합니다. 레코드가 그렇죠.

적당히 하세요. 어차피 내 말 안 듣겠지만.

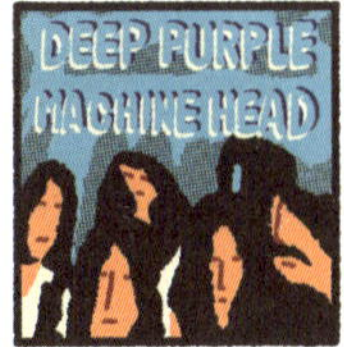

70년대 초반에 지구 레코드나 오아시스 같은 음반사에서 라이선스 음반을 만들기 시작했던 것으로 기억한다. 하지만 대학생 때까지 돈이 별로 없어서 음반을 사지 못했다. 그래서 집에 오디오 시스템과 전축이 있는 친구 집에서 좋아하는 음악을 듣고는 했다. 그즈음 광화문을 걸어가다가 청계천에서 딥 퍼플(Deep Purple)의 <Machine Head>(1972) 앨범을 발견했다. 집에 가져가도 전축이 없어 듣지도 못하는데 차비까지 톡톡 털어서 LP를 사다 집까지 걸어갔다. 그게 처음 산 LP였다. 당시 그 음반을 정말 좋아했고 지금도 좋아한다.

이후에 이 판을 듣고 싶어 세운 상가에서 조립판 오디오 전축을 당시 만 원 정도에 사서 들었다. 생각해 보면 우리 세대의 장점은 블랙 사바스, 레드 제플린, 산타나, 그랜드 펑크 레일로드 등의 밴드 음악을 실시간으로 들은 것 아닌가 싶다.

우리 세대에게는 LP 외에는 다른 비교할 만한 매체가 없었다. 그게 전부였으니 따로 매력이라 떠오르는 것도 사실은 없다. 음악은 FM 라디오에서 듣거나 LP 음반을 사서 집에서 전축으로 듣는 것밖에 없었다. 90년대까지도 방송에서 LP로 다 틀었으니까. 따지고 보면 음반도 꾸준히 닦아야 하고, 스크래치가 나면 '치지직'하는 잡음이 생길 수도 있다. 꽤나 귀찮은 행위다. 하지만 그게 정겨운 맛이 있어서 좋다.

음반 모으는 사람들에게 물 뿌리는 얘기 같지만, 음악을 너무 모으지 말길. 나도 한때 굉장히 많이 LP와 CD를 모았던 사람이니까. 그거 나중에 전부 짐 됩니다! ㅎㅎ. 그냥 음악을 들으면 되는데, 모으는 행위 자체에 너무 집중하는 경향들이 있다. 사실 듣지도 않을 거면서! 음악은 가슴 속에 있는 거지, 음반 장 안에 있는 것이 아닙니다. 오, 이 얘기 좀 철학적인걸? ㅎㅎ.

대학생 때 알바를 하고 꿈에 그리던 첫 턴테이블을 가지게 되었어요. 그땐 바이닐이 다시 유행하기 전이어서 중고 가격이 엄청 쌌어요. 8~90년대 한국의 명반들을 천 원 이천 원에 살 수 있었던 건 큰 행운이었죠. 처음 산 LP는 봄·여름·가을·겨울의 2집 <나의 아름다운 노래가 당신의 마음을 깨끗하게 할 수 있다면>(1989) 이었을 거예요.

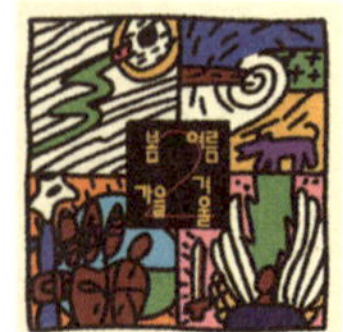

너무 많지만 하나만 꼽자면, 귀로 듣는 음악이 눈에 보이는 형태로 물건 위에 새겨져 있다는 점. 저의 책 <아무튼, 레코드>에 조금 더 자세히 적었습니다! :D

고이 모셔두는 기분도 좋지만, 자주 꺼내서 만지고 듣는 게 저는 더 좋더라고요. 오랫동안 듣지 않은 한 장을 지금 꺼내보시는 건 어떨까요? 저도 하나 꺼내러 갑니다~

한 곡의 노래보다는 하나의 앨범에 대한 애착이 강했다. CD 세대였고 많이 모아왔기에, 앞으로 LP는 절대 사지 않겠다는 나름의 다짐을 했었다. 하지만 오랜 단골 가게였던 메타복스에서 로이 뷰캐넌의 <Live Stock> 앨범을 보자마자 홀린 듯 구매했다. 20대부터 마르고 닳도록 들었던 작품이었고, CD보다 훨씬 큰 재킷 이미지를 보니 마치 그 공연장 문 앞에 온 것 같은 느낌마저 들었다.

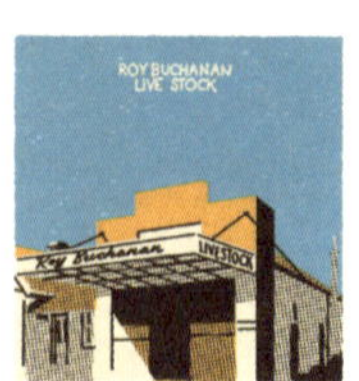

레코드를 가진다는 것은 '귀'로 음악을 듣는 것 이상의 의미가 있다. 앨범 커버와 내지의 이미지, 가사의 심미적인 요소들이 담겨 '눈'으로 음악을 들을 수 있다. 더군다나 그 음반을 꺼내 내가 원하는 트랙을 찾아 바늘을 올리며 '손'으로도 음악을 들을 수 있다. 이 아날로그적 행위를 통해 우리는 음악을 소유한다는 멋진 기분을 만끽한다.

가요는 '오늘'이 제일 싸요.

돌이켜보니 어릴 때의 저는 '남들과 다르다'는 감각에 도취되어 있었던 모양입니다. 또래 친구들이 1세대 아이돌에 빠져 있었을 때, 저는 대학생 언니, 오빠들이 좋아하던 뮤지션들을 찾아 들었거든요. 시험 기간이 끝나면 항상 가던 종로 핫트랙스에서 전람회 2집 <EXHIBITION 2>(1996)을 구해 돌아오던 날. 집에 오는 버스를 타고 창밖을 바라보며 내내 설렜던 기억이 선명합니다. 마치 책 한 권을 읽듯, 가사지를 눈으로 읽어가며 앨범을 들었고요. 순수한 계기는 아니었지만, 특별해지고 싶다는 욕망과 허세가 결국 저를 '음악 좋아하는 사람'으로 만들어줬네요.

영화 <사랑할 땐 누구나 최악이 된다>(2021)에 나오는 대사로 답변을 갈음합니다.

- 내가 어렸을 때는 말이야, 문화는 물건으로 전해지는 거였거든. 그런 물건들과 함께 살아온 게 정말 재밌었던 것 같아. 직접 들어 올리고 두 손으로 만져서 비교해 볼 수 있잖아.

- 책처럼 말이지?

- 그래, 책처럼. 그게 내가 살아온 인생 전체야. 만화책이나 책 같은 걸 모으면서 시간을 보냈지. 그리고... 계속 그렇게 살았어. 물론 20대 때 느낀 강한 설렘 같은 건 사라진 지 오래였지만 그래도... 계속 그렇게 살았지. 그리고 이제... 남은 건 그게 다야. 바보 같고 쓸데없는 것에 대한 잡다한 지식과 추억들. 아무도 관심 없는...

'바보 같고 쓸데없는 것에 대한 잡다한 지식과 추억들'을 언제든 꺼내볼 수 있는 부류의 사람. 너무나도 빠르게 변해서 따라잡기도 벅찬 요즘 세상에, 이런 사람으로 남는 것도 '남들과 다른' 특별함이 아닐까 합니다. 그게 순수든 허세든 뭐든지 간에.

음악 이외의 것들이 음악에 포개지는 모습. 그 자체로 예술인 앨범 재킷과 세월 머금은 꼬릿한 냄새, 두툼한 판이 주는 촉감과 물성을 모두 사랑한다.

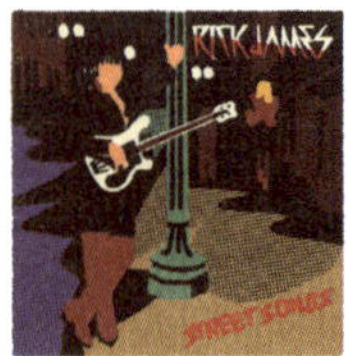

지금은 없어진 합정동 메세나폴리스 라보앤드에서 릭 제임스(Rick James)의 <Street Songs>(1981)를 샀다. 'Give It to Me'와 'Super Freak'이 들어간 작품이다. 본격적으로 LP 모으기 전이라 매장 구경한 다음 기념품 개념으로 구매했다. 이상하게도 그 이후로 소울 휭크 장르가 LP란 매체와 잘 어울린다고 생각하게 되었다.

균형감. 너무 깊게 빠지다 보면 어느새 주머니가 텅! 이사하기도 만만찮다. 안 듣는 음반 판매와 보유 레코드 순환도 장기적인 관점에서 좋은 것 같다.

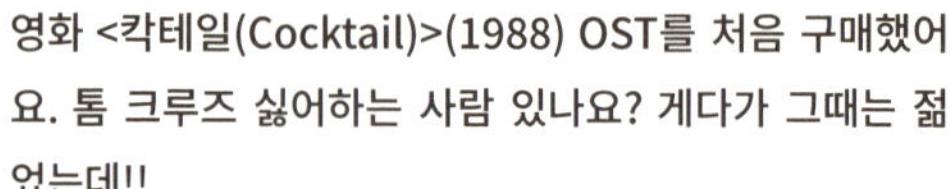

영화 <칵테일(Cocktail)>(1988) OST를 처음 구매했어요. 톰 크루즈 싫어하는 사람 있나요? 게다가 그때는 젊었는데!!

① 아는 만큼 들린다.
② 플라스틱이라 썩지 않는다.
(반환경적이지만 오래 보존하기는 좋음)

① 레코드 컬렉팅은 낚시와 비슷한 것 같아요.
　 기다리고 인내하세요.
② 구매한 앨범을 많이 많이 들으세요.
③ 남들이 좋다는 걸 따라 사기보다는
　 자신의 취향을 만드세요.

록 페스티벌 부스에서 산울림의 <제8집>(1982)을 발견하고 '여기서 무언가 하나를 가져가야 한다면 이거겠구나' 생각이 들어서 구매하게 되었다.

LP를 재생하면 특유의 사운드가 한 공간 전체를 가득 채워주는 충만함이 있다.

왕초보에게 좋은 LP 많이 추천 부탁드립니다

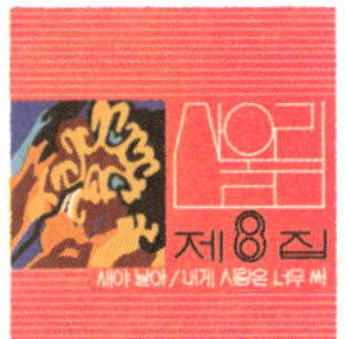

음반 가게 사장님 추천으로 <NIAGARA SONG BOOK 40th Anniversary Edition>(2022)를 구입했는데, 들을 때마다 벅찬 느낌이 들어 늘 노동요로 틀어두고 있다.

LP의 잡음을 특히 좋아한다. 디지털 음원에서는 느낄 수 없는 아날로그만의 따뜻한 매력.

좋은 음반 있으면 추천 부탁드려요!

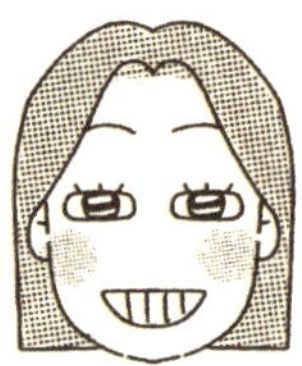

어머니가 음악을 좋아하셨다. 집 한켠에 낡은 바이닐이 가득 쌓여 있었다. 어렸을 때는 들춰 볼 생각을 안 했다. 음악 필자 경력을 시작한 대학교 1학년 때 무심코 뒤적이다 산울림 <제1집>(1977)을 발견했다. 세월에 부대껴 엉망인 음질로 '아마 늦은 여름이었을 거야'를 들었다. 다락에서 가보를 찾아낸 기분이었다. 이후로 틈날 때마다 바이닐을 샀다.

나는 MP3 세대다. 물성을 그 자체로 낭만으로 느낀다. 그저 손으로 만질 수 있어서는 아니다. 음악을 더욱 진지하게 소비하는 기분이 든다.

전설적인 음악 평론가 레스터 뱅스(Lester Bangs)는 사망하던 날 아침에도 음반을 샀다. 휴먼 리그(The Human League)의 <Dare>(1981) 앨범이었다. 앨범이 턴테이블 위에서 돌아가는 채로 소파 위에서 발견되었다.

팝송에 빠진 오빠의 영향을 받아 게리 무어 (Gary Moore)의 <Blues Alive>(1993) 더블 LP를 동네 레코드점에서 구매했어요. 그때는 LP 커버 비닐도 사서 끼우는 등등 매우 아껴 들었죠. 'Parisienne Walkways'가 최애 곡입니다.

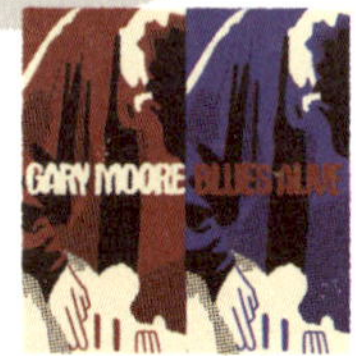

아무나 될 수 없는 <배철수의 음악캠프> PD 첫날, 방송 마지막 곡으로 이 곡이 나오면서 배철수 DJ가 "지금까지 프로듀서 이민선 (...) 저는 배철수였습니다." 하고 클로징 멘트를 할 때 성덕이 된 느낌에 소~름이 돋았습니다.

LP를 오래 많이 듣다 보면 튀는 부분이 생기는데, 그 튀는 부분조차 내가 다가온 그 음악의 일부라고 생각합니다. 깨끗한 음질이 아니어도 괜찮아요.

모든 음악을 음악 사이트에서 들을 수 있는 시대에, 음반을 모으고 있다는 것은 아름다운 나만의 시간을 간직하는 멋진 일~

더위를 피하려 회현 지하상가로 걷던 중 우연히 발견한 리빙사에서 무언가에 홀린 듯 힙합 레이블의 컴필레이션과 영화 음악 OST를 구매했네요!

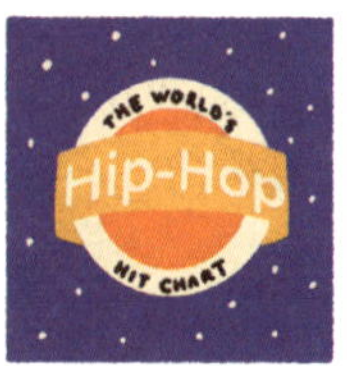

레코드에는 그 음악을 만든 사람의 얼굴, 유통한 레이블의 로고, 심지어는 프로듀서에 대한 정보까지 직관적으로 담겨있어요. 음악을 들으며 자연스레 이 사람이 연주 중이구나! 하면서 알게 되는 것들이 시간이 지나며 소중하게 쌓인다고 느껴요. 음반을 구매하며 만난 사람, 판매하며 만나는 사람까지도. 모두 소중한 추억이 되죠!

사고 팔고 나눠요. 커뮤니티!

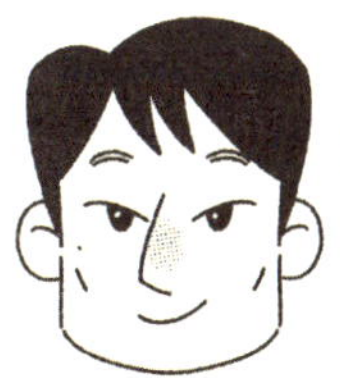

사운드트랙 테이프 수집 시절 즐겨듣던 이스라엘 하이틴 영화 <Growing Up>(1978) (원제: Eskimo Li-mon(Lemon Popsicle)의 OST를 LP로 재구매한 것이 아마도 내 첫 경험. 고1 쯤이었을 텐데, 변변한 오디오 시스템이 없었을 때라 친구 집을 전전하며 들었던 기억.

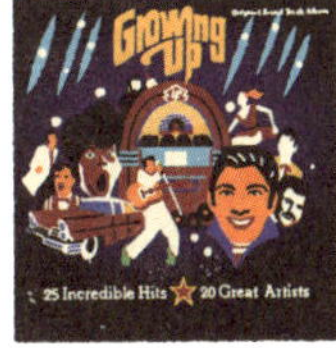

고유의 물성, 그 그립감이란.

레코드로 사람을 때리지 마세요.

20대 때 아이튠즈로 BBC 라디오 DJ 자일스 피터슨(Gilles Peterson)의 <Worldwide FM>을 엄청 들었어요. 제 마음속 음악 스승님이죠. 어느 날 당시 홍대 상수역 근처에 있던 퍼플 레코드에 갔는데 자일스 피터슨의 <Worldwide> 신보를 팔더라고요! 그게 제가 처음 산 바이닐 레코드예요. 교과서를 구매한 거죠.

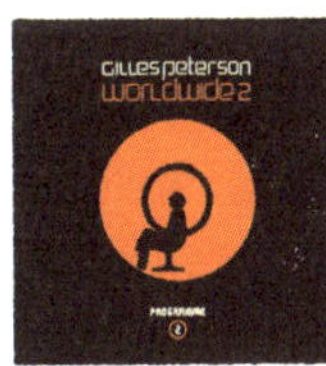

손이 많이 가는 거요. 자리도 많이 차지하고, 슬리브에서 꺼내서 판에 먼지가 묻었는지 매번 확인해야 하고 몇 분 안 들었는데 돌려야 하고. 그런 이유로 귀하게 다루게 되는 게 매력이에요. 한 장 한 장 디바님을 모시는 무수리의 마음…

궁전으로 갈 수도 있어~

이수호 | 방송국 PD

중학생 시절, 심야 라디오에서 처음으로 라디오헤드의 'No Surprises'를 들었습니다. 노래가 끝난 뒤 이 곡을 '갖고 싶다'는 생각에 한쪽에 밴드 이름과 곡 제목을 적어 놓고는 며칠 뒤에 해당 곡이 수록된 음반 <OK Computer>(1997)를 구입했습니다. 이 음반을 시작으로 레코드를 모아왔습니다.

오래전, 음반을 사고도 집에까지 가서야 음악을 들어볼 수 있던 그 길 위에서, 마음이 설레 포장지부터 벗겨 케이스를 열어 보고, 이어 부클릿을 꺼내 찬찬히 눈에 담아 보고, 당장에 틀지도 못할 CD를 손가락으로 쓸어도 보고 괜히 꺼내도 보고. 두 귀가 아닌 감관으로 느꼈던 그때의 자극들에서 레코드의 매력을 알게 되지 않았나 생각합니다.

계속 손에 넣어 봅시다.

이종남 | 레코드숍 '널판' 운영

처음 듣게 된 LP는 중학교 시절 친구 집에 놀러 갔다가 친구의 형이 쓰고 있던 '아남 나쇼날 홀리데이' 오디오에서 스콜피언스(Scorpions)의 6집인 <Lovedrive>(1979)를 국내 라이선스로 듣고부터입니다. 그날의 기억은 아직도 잊지 못할 정도로 멋졌어요. 처음 산 LP는 본 조비(Bon Jovi)의 <Slippery When Wet>(1986)였습니다. 우리 세대 음악 좋아하던 또래에 비해 좀 음악 듣기를 늦게 시작했던 것 같아요. 당시 집이 천호동이었는데 하남시까지 시외버스를 타고 들고 가 외삼촌 집에서 듣고 녹음하며 설렜던 추억이 있네요.

판때기의 매력은 하도 많아서 뭐라 하기가 어렵네요. 전 그냥 이 모든 게 다 좋더라고요. 이 매력덩어리가 어떤 것인지 망원동에 있는 널판에 오셔서 꼭 알아보세요!

자기가 좋아하는 음악을 소장하고 들으며 추억과 행복을 느끼셔야 해요. 남들이 산다고, 이건 돈 된다고 막 사는 건 금물~!

아무것도 아닌 날 친구 따라 LP 매장에 갔다가 아내가 좋아하는 아티스트인 조니 미첼(Joni Mitchell) 레코드판이 있어 사 왔던 기억이 있습니다.

앨범 크기와 레코드판 자체를 만지면 마치 음들이 선명히 다가오는 듯한 기분이 들곤 합니다. 그 느낌이 참 좋습니다.

훌륭하세요 정말~

우연히 들린 파주의 카메라타에서 큰 공간에 울려 퍼지는 '비창'에 완전히 압도되었다. 그러고 나서 일상에서도 온전히 음악만 감상하는 시간을 원하게 되었다. 그래서 처음 산 LP는 리스트(Liszt)의 <Piano Sonata in B minor> 클래식 앨범이었다.

내가 듣고 싶은 것만 선택하여 듣고 멈추기 쉬운 디지털 음원과는 달리, 앨범에 수록된 모든 트랙을 따라야 하는 반강제성이 매력적이다. 왜 이 음악 다음에 이것이 나와야 하는지 생각하다 보면 자연스레 음악에 더 집중할 수 있게 된다.

저만 빈털터리가 된 거 아니죠..?

DJ로 활동을 하면서, 하우스 음악의 근간이 되는 7~80년대 디스코, 소울, 훵크 음악에 자연스레 관심을 두게 됐어요. 그 당시 사람들이 음악을 들었던 미디어 그대로 듣는다면 그 느낌을 더욱 실감 나게 느낄 수 있지 않을까 하는 생각에 턴테이블을 사고, LP를 모으기 시작했어요. 처음 샀던 LP는 샤카 칸(Chaka Khan)의 <I Feel for You>(1984)와 브렌다 러셀(Brenda Russell)의 <Get Here>(1988) 앨범입니다.

온라인 플랫폼을 통해 손쉽게 좋은 음악을 찾아 들을 수 있는 시대가 되었죠. 하지만 쉽게 접하는 만큼 쉽게 잊히기도 하는 것 같아요. 반면, 레코드는 레코드 숍에서 보물찾기하듯 새로운 음악을 발견하는 재미가 있고, 해외에서 주문했을 때 몇 주간의 기다림 끝에 받는 기쁨은 마치 선물을 받는 듯한 설렘을 줍니다. 어렵게 구한 음악일수록 그 가치는 더욱 특별해지고, 물리적인 매체로 소장함으로써 오래도록 잊히지 않는 추억으로 남는 것 같아요.

여러분의 열정을 응원합니다. Vinyl Sounds Better!

고교 1학년인 1975년 서울 마포 공덕동 로터리에 레코드 가게가 있었는데 거기서 비틀스의 <The White Album>(1968)을, 당연히 빽판으로 구매했다. 1장에 280원, 더블이니 560원이었다. 1970년대 중후반 LP 값이 1장에 330만 원으로 인상되었다. 음질이 나빠 대학 들어가 원판으로 바꿨다.

앞면을 다 듣고 뒷면으로 바꿀 때의 쾌감. 그래서 A면과 B면은 전혀 다른 세계였다. 수록곡이 쭉 연결된 CD가 이 점에 취약(?)하지 않았을까.

갈망과 해소의 아리아. 이런 디깅이 없지만 언젠가는 의욕 감퇴라는 변화가 침공할 것이다. 그전까지 보고 듣고를 처절하게 즐길 것!

처음으로 레코드를 샀을 때는 국민소득이 막 늘어나던 시기라 집에 오디오 세트를 들여놓는 게 유행처럼 번졌던 시기였습니다. 자연스럽게 레코드를 접하게 됐고 주로 부모님이 사놓은 레코드를 듣다 중학생 때인가 어머니를 졸라 당시 최고 인기 가수였던 신승훈 1집 <미소 속에 비친 그대>(1991)을 처음으로 샀던 기억이 있습니다.

요즘 젊은 분들과는 다르게 저는 태어나면서 지금까지 레코드라는 매체를 접했기 때문에 신기하거나 특별한 매력이 있다고는 생각하지 않아요. 몸을 일으켜 레코드를 고르고, 재킷에서 꺼내면서 낡은 종이와 플라스틱의 냄새를 맡고, 플레이어에 올려 재생을 시키는 이 모든 과정이 레코드가 주는 매력이 아닌가 싶습니다.

마트에 가서 과자랑 라면이랑 식재료 등을 사는 행위를 우리는 매일 하고 있지만 누구도 그 마트에 있는 모든 상품을 알고 있지 않듯, 레코드점에 진열된 모든 레코드를 다 알고 살 수는 없는 노릇이 아닐까요? 모르는 가수의 레코드 재킷이 보이더라도 겁먹지 말고, 자신만의 감을 믿고 한 장씩 사보는 재미를 느껴보셨으면 좋겠네요. 즐거운 음악들 많이 들으세요!

정민재 | 대중음악평론가, 음악작가

원래 나는 CD를 모으는 사람이었다. LP까지 사면 끝장이라고 생각했다. 그런데 자꾸 주변에서 LP를 한 장씩 주면서 (이래도 안 산다고?) 유혹하는 거 아닌가. 기왕 이렇게 된 거 인생 앨범부터 들이자 싶었다. 그렇게 처음 음악에 빠졌을 때처럼, 마이클 잭슨의 <Thriller>(1982), 마돈나의 <Like A Prayer>(1989)로 LP 시대를 열었다.

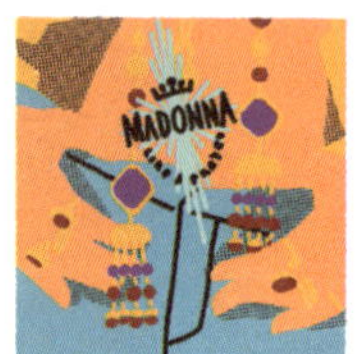

무엇보다 눈이 즐겁다! 휴대폰으로 보는 앨범 커버? 형편없다. CD로 보는 앨범 커버? 글쎄 뭐… LP는 어디든 툭 놓기만 해도 갤러리가 된다. 듣는 재미만큼이나 보는 재미가 쏠쏠하다.

수집은 아름답고 나눔은 더 아름답다! 전도합시다!
같이 모읍시다!

정엽 | 뮤지션, 라디오 DJ

어릴 땐 LP 한 장이 너무 비싸서 늘 바라보기만 했어요. 시간이 한참 흐른 뒤에야 처음으로 손에 넣은 게 서피스(Surface)의 <3 Deep>(1990) 앨범이었죠. 'The First Time'이란 곡 제목처럼 제 첫 LP를 턴테이블에 올렸던 그날의 장면과 향을 지금도 문득 떠올립니다.

바늘이 닿을 때의 설렘, 그리고 잠시 뒤 흘러나오는 온기… 단순한 재생이 아니라, 기억을 재현하는 의식 같아요.

저는 사실 음반을 단순히 듣는 걸 넘어, 소장을 위해 구매합니다. 그건 저에게 흐릿한 추억들을 차곡차곡 수집하는 일과 같거든요. 결국 우리의 삶도, 한 곡 한 곡에 기억을 끼워 넣으며 쌓여가는 거니까요.

버클리 제임스 하베스트(Barclay James Harvest)의 <Gone to Earth>(1977) 앨범입니다. 기억이 가물가물한데 1981년 한 라디오 프로그램의 연말 특집 방송이었던가? 팝 명곡 100선 중 하나로 선곡되어 흘러나오던 'Poor Man's Moody Blues'란 곡이 왜 그리도 좋게 들리던지... 이듬해에 중학교에 입학하면서 처음 받은 용돈으로 구입한 첫 LP입니다.

어릴 적부터 LP로 음악을 들으며 자라왔기 때문에 저에게는 가장 익숙한 매체입니다. 일단은 시야 가득히 들어오는 커다란 커버를 양손에 쥐고 음악을 듣는다는 것이 매력적이고요. 가끔은 들러붙은 먼지도 제거해야 하고 이런저런 불편함도 함께 하지만 여러 준비 과정만큼이나 음악에 한 발자국 더 가깝게 다가가는 느낌도 들고요. 특히나 아날로그 시절에 녹음된 음반의 경우, 그 시기에 제작된 LP는 아직도 많은 장점을 가지고 있는 것 같아요.

좋은 음반 컬렉션을 만들어 가면서 여유가 생길 때마다 오디오 시스템을 업그레이드하는 것도 잊지 마세요. LP의 경우, 시스템에 따라 소리에 많은 차이를 보입니다. 오디오 시스템도 음악만큼이나 성격이 다양하고 자신이 좋아하는 음악에 어울리는 기기들이 존재합니다. 주머니 사정에 맞춰서 천천히 업그레이드해 보세요. 그리고 적어도 일 년에 한 번은 턴테이블의 세팅도 꼼꼼하게 점검해 보시고요.

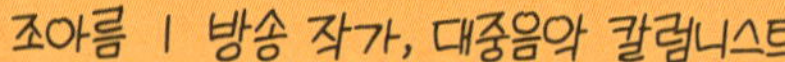

조아름 | 방송 작가, 대중음악 칼럼니스트

비요크(Björk)의 <Innocence>(2008) 박스 셋. 어릴 때부터 동경했던 'LP 수집'의 첫발을 잘 딛고 싶은 욕심에 한 해 두 해 미루기만 하다가 'The Very Very Limited Collection'이란 글귀를 보고 홀린 듯 데려왔습니다. 첫 내한 공연의 강렬한 추억까지 소환하는 앨범이어서 볼 때마다 흐뭇해요.

듣고 보고 몸에 새긴 음악이 다시 한번 내 것이 되어줍니다!

여행은 준비하는 맛, LP는 고르는 맛. 세상 모든 음반을 가질 순 없으니 고통스러운 선별 과정도 즐겨봅시다.

조혜림 | 음악 콘텐츠 디렉터

2010년에 발매된 벨 앤 세바스찬(Belle and Sebastian)의 <Write About Love>(2010) 앨범입니다. 스코틀랜드 밴드 벨 앤 세바스찬의 오랜 팬이기도 하고 노라 존스(Norah Jones)의 팬이기도 해서 두 팀이 함께한 이 앨범이 나왔을 때 참 많이 들었어요. 그 당시 턴테이블도 없었지만 표지의 노라 존스가 너무 아름다워 액자처럼 집에 두고 싶어 구매했던 기억이 납니다.

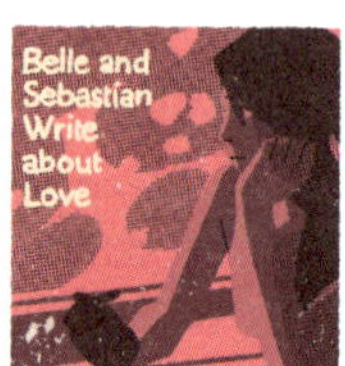

친구와 영화를 보러 극장에 가듯, 판을 꺼내 턴테이블에 올리는 행위가 하나의 의식처럼 느껴져요. 새로운 세계로의 접속 같은 느낌이랄까요. 처음엔 소장용으로 그냥 한 장 두 장 구매했지만 턴테이블로 레코드를 듣는 매력을 깨달은 후 소리의 질감과 턴테이블이 돌아가며 만들어 내는 분위기가 좋아 계속해서 듣고 싶은 노래의 레코드를 사게 되는 것 같아요.

우리는 단순한 음반을 모으는 게 아니라 음반이 가진 시간과 기억, 손끝에 닿는 레코드판의 감각을 수집하는 거라고 생각해요. 그리고 좋아하는 뮤지션을, 노래를 놓치지 않으려는 애정이 우리를 계속해서 음반을 수집하게 만드는 것 같아요. 더 열심히 소중한 기억들을 모아봅시다!

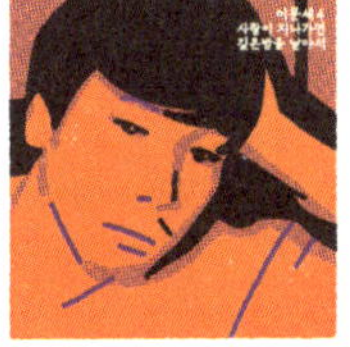

90년대 제가 살았던 당시 경남 진주는 정말 촌 동네였어요. 음악 정보를 얻고 싶었는데 달리 방법이 없었죠. 그래서 TV, 라디오, 핫뮤직 같은 잡지를 통해서 열심히 찾아보고 들었습니다. 여러 가수의 카세트테이프를 사 모으다 사운드가 좋다는 말에 LP로 홀린 듯 넘어갔어요. 처음 산 LP는 이문세로 기억하고 있어요.

이후로 자연스럽게 팝에 관심이 생겨서 마이클 잭슨, 비틀스, 뉴키즈 온 더 블록, 런던 보이스, 핼러윈, 본 조비, 라붐, 아하, 모던 토킹, 듀란듀란, 포이즌, 메탈리카, 슬레이어 등 장르를 가리지 않고 사 모았습니다. 가수가 누구인지도 모르고 앨범 재킷 멋지다고 구매했다가 망한 기억도 수두룩합니다. 이후 밴드를 시작하며 한 뮤지션 선배에게 LP 백여 장을 기타 이펙터 몇 개와 맞바꾸며(!) 추억 가득했던 저만의 LP 시대는 끝이 났습니다.

LP를 사서 개봉했을 때 났던 특유의 냄새를 좋아합니다. 그 냄새는 소유했다는 '기쁨' 같았어요. 무엇보다 LP를 사면 카세트테이프에선 느낄 수 없는 큼지막한 아티스트의 사진들이 들어 있어서 좋았어요. 또 내지의 사진들을 보면서 그들의 음악과 무대를 상상하게 만드는 매력도 있었습니다. 라이선스 앨범에는 해설이 수록되었던 경우도 많았는데요. 특히 정보가 부족했던 시절 음악 평론가들의 앨범 소개 글도 그 가수와 앨범을 이해하는 데 많은 도움이 되었습니다.

요즘 시대 음원 마스터링은 큰 볼륨 경쟁으로 표준화되는 것 같은데요. LP에서 꾹꾹 눌러 키운 볼륨감을 느끼기는 어려울 수 있습니다. 그러나 잘 만들어진 LP는 소리 하나하나가 살아 숨 쉬는 섬세한 사운드를 느끼실 수 있을 겁니다.

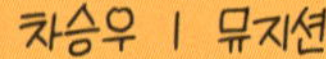

초 5학년 무렵, 용돈으로 동네 레코드방에서 구입한 비틀스의 편집 앨범 <Rock 'n' Roll Music Volume 2>(1980). 그땐 계몽사 EMI에서 비틀스 정규 앨범을 재발매하기 전이라, 낡고 허접한 오아시스발 라이선스 몇 가지 말곤 앨범 선택의 폭이 극히 좁았던 기억이 난다. 'Dizzy Miss Lizzy' 같은 로큰롤 넘버와 'Helter Skelter' 같은 헤비 사이키델릭 사운드가 공존하는 신박한 플레이리스트.

세워놓기만 해도 폼 나잖어.

세척은 퐁퐁이 와따(?)다.

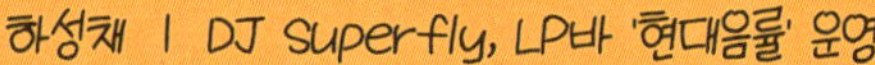

아주 어릴 적 어른들이 가수 이미자와 하춘화, 조미미, 남진 등의 LP를 즐겨듣는 걸 주변에서 구경하며 자랐던 정도이다. 라디오와 카세트테이프로만 음악을 듣던 10대 시절 처음 갖게 된 LP는 고2 때 목포 MBC 라디오 <별이 빛나는 밤에> 예쁜 엽서전에 당첨되어 선물로 받은 조안 글래스콕(Joanne Glasscock)의 'The Centaur'가 수록된 앨범이다. 내 돈 내산 첫 LP는 제러미 스펜서 밴드(The Jeremy Spencer Band)의 <Flee>(1979)이다.

담겨있는 음악을 만지고 듣고 사용하다 상처 나고 헤지는 것. 아끼는 새것이었다가도 홀대받기도 하는, 헌것이 되어 사라져가는 인생과도 같은 것. 건드리지도 못한 채 고이 모셔두는 골동품이 아니라 살아 나가는 인생이 매력이라면 매력이다. 고가의 미개봉 소장품은 정작 중요한 음악으로서는 어떤 가치도 없다는 의미이기도 하다.

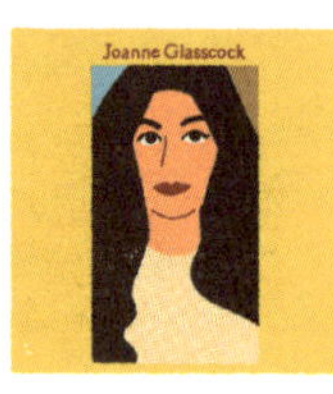

음반은 음악이다. 모으는 게 중요한 게 아니고 그 음악을 즐기길 바란다. 레코드를 재생해 즐긴다는 것은 자기만의 때와 공간에서 열리는 라이브 연주회다.

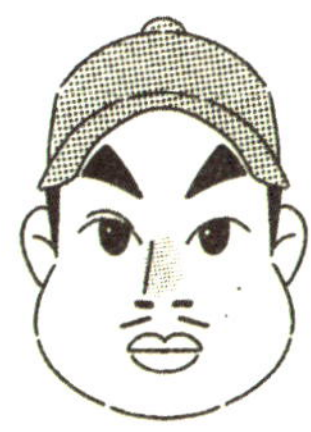

비틀스의 <Please Please Me>(1963)였습니다. 어렸을 때 TV 어린이 프로그램에 나온 노래들을 좋아했는데, 동창 친구의 형이 "아, 그건 비틀스라는 밴드야" 하면서 알려주셨어요.

뭔가 다른 일을 하면서 듣지 못하니(끝나면 뒤집어야 해서), 좀 더 음악에 집중되는 상황을 만들어야 하는 부분입니다. 다른 말로 저는 바이닐에서 "아름다운 귀찮음"을 느낀다고 표현하기도 하죠.

꼭 오프라인에서 실제로 만져보시고 사시면 좋을 것 같습니다. 클릭 하나로 모든 것이 해결될 만한 세상이 되었지만, 저는 오프라인까지 포함해야 아날로그적인 "아름다운 귀찮음"이 완성된다고 생각합니다. 그리고 오프라인 디깅을 하러 한국에 오면서, 인생이 바뀌는 인연과 만남이 생긴 저처럼 "보너스 트랙"까지 따라올 수도 있으니까요…!

<Meet The Beatles!>(1964)가 나왔을 때 나는 비틀스에게 미쳐있었다. 엘비스 프레슬리 때는 LP가 흔한 편이 아니라서 구하기 힘들었고. 무엇보다도 지미 헨드릭스의 <Are You Experienced?>(1967)가 충격이었다. 영국에서 활동하면서 미국으로 다시 넘어와 당시 록 음악계를 점령해 버렸던 기억이다. '이게 사람인가?' 싶을 정도였으니까. 이런 아티스트들과 동시대를 살며 접할 수 있다는 것은 정말이지 행운이라 생각한다.

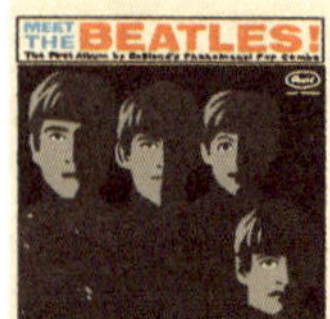

어려서부터 LP는 물론이고 릴투릴(Reel-to-reel tape), 카세트테이프, CD와 지금의 스마트폰까지 다 겪어왔다. LP는 어떤 매체보다 커버가 크다. 이게 엄청난 장점인데, 과거에 내가 좋아하는 밴드 멤버의 얼굴을 크게 볼 수 있을 방법이 흔치 않았다. 이게 시각적으로 만족감이 크기 때문에 그 영향이 더 크게 다가왔던 것 같다. 그리고 그 작품에 참여한 위대한 작가들의 명단을 보면 마치 작업 설명서처럼 느껴졌었다. 그게 바로 크레딧의 매력이라 생각한다.

하지만 단점도 많다. 이 왁스(wax)는 음악을 재생할수록 음질이 나빠질 수밖에 없다. 신발과 같은 거다. 신을수록 닳으니까. 그래서 난 CD가 나왔을 때 정말 놀랐다. 아무리 들어도 상태가 변함이 없으니까. 이후 LP로 돌아오지는 못했다. 그래도 바늘을 놓았을 때 순간의 짜릿함을 여전히 기억한다.

턴테이블과 앰프, 스피커까지. 돈이 엄청나게 든다. 인간에게는 여러 욕망이 참 많은데, 다른 것보다 무서운 것이 '귀의 욕망'이다. 귀는 욕망의 끝이 없다. 사운드에는 만족이 없다는 이야기다. '오디오 헝거(Audio Hunger)'와 같은 마음으로 음악을 듣는다면 난 반대다. 주머니 사정대로 어느 정도만 하고 그만둬야지. 잘못하면 집까지 팔아버린다! 진짜다! (와하하하!)

대학교 2학년 때 학교 앞의 전자기기 소매점 라디오색 (RadioShack)이 문을 닫았는데, 그때 운 좋게 오디오 테크니카 턴테이블을 반값에 얻어올 수 있었습니다. 턴테이블을 샀으니 레코드도 사자는 생각에 바로 길 건너편 서점 반즈 앤 노블 (Barnes & Noble)에 가서 판을 산 것이 생애 첫 LP 구매 경험입니다.

그때 샀던 판이 다프트 펑크(Daft Punk)의 <Discovery>(2001), 그리고 재즈 피아니스트 델로니어스 몽크의 앨범, <Thelonious Monk plays Duke Ellington>(1955)입니다. 솔직히 말하자면 있어 보이려고 샀습니다. 그냥 당시 서점에 있던 음반들 중 제가 보기에 가장 멋있는 이름들을 고른 거나 마찬가지입니다. 지금 돌이켜 생각해 보면, 오히려 그렇게 내용물을 잘 모르는 상태로 판을 산 것은 이때가 마지막이 아닌가 싶네요.

레코드를 소유함으로써 느끼는, "이 음반이 내 것이다"라는 감각이 가장 좋은 것 같습니다. 앨범 단위의 청취를 강제한다는 점도 마음에 들고요. 요즘에는 앨범 속지를 보는 재미에도 빠져있습니다. 온라인으로는 찾기 어려운 제작자 크레딧이나, 사용된 악기 같은 내용을 찾아 읽어보며 음반의 제작 과정을 상상해 보곤 합니다.

제가 느끼는 것과 같은 결의 즐거움을 공유하는 사람들이 세상에 존재한다는 사실 만으로도 큰 위로가 됩니다. 함께 음악 오래오래 사랑합시다.

그림과 음악, 그리고 손끝의 온기

저는 아날로그의 힘을 믿습니다. 그림도 음악도 인공지능이 척척 만들어내는 시대가 되었지만 사람의 손으로 그리고, 귀로 듣고, 눈으로 바라보며 쌓는 감각의 기억은 앞으로도 대신해 주지 않을 거예요.

그림을 그리는 것이 좋았습니다. 음악도 그랬어요. 그래서 좋아하는 음악을 그렸고, 그 덕분에 많은 분과 이야기할 기회들이 생겼습니다. 음악을 순수하게 사랑하는 마음을 가진 이들을 만나며 저도 더 나은 사람이 되어가는 것 같았어요. 그 인연 중 한 사람이 남편이 되었고요. 이렇게 사랑을 쏟아내는 일을 하며, 음악을 통해 누군가와 연결될 수 있는 지금의 삶이 참 고맙고 소중하게 느껴집니다.

시작은 아주 단순했습니다. '내일 지구가 멸망한다면 어떤 음반을 가져갈까?'라는 상상에서 출발했죠. 겉으로 보면 유치하게 느껴질 수도 있지만, 음악을 사랑하는 저와 남편에겐 꽤 진지한 고민이었습니다.

책을 준비하면서 약 2천 장이 넘는 레코드를 하나하나 꺼내 들여다봤습니다. 그 과정은 마치 시간 여행 같았어요. 이야기할 것이 정말 많은 음반들이었거든요. 집이 사람 사는 곳인지 LP가 사는 곳인지 모를 지경이지만, 이 수집의 여정은 앞으로도 계속되겠지요. 하하.

고마운 분들이 참 많습니다. <턴! 턴! 턴!>은 결코 저 혼자의 힘으로 나온 게 아닙니다. 출판사 '그래서음악'이 든든하게 함께해 준 덕분에 이 만화가 세상에 나올 수 있었습니다. 삶의 많은 순간을 아름다운 선율로 채워주신 모든 음악가분께 마음 깊이 존경과 감사를 드립니다. <레코드를 모으는 사람들> 코너에 기꺼이 추억을 내어주신 모든 분께도 진심으로 감사드립니다.

무엇보다 중학생 시절부터 늘 곁을 지켜주던 라디오 <배철수의 음악캠프>. 음악의 소중함과 깊이를 알려준 그 오랜 시간이 지금의 저를 만들었습니다. 배철수 DJ는 최고의 '팝 선생님'입니다. 수많은 책 사이에서 <턴! 턴! 턴!>의 페이지를 넘기며 제 그림과 이야기에 미소 지어주신 독자 여러분께도 감사의 마음을 전합니다. 그리고 마지막으로 언제나 나를 웃게 해주는 나의 뮤즈, 나의 남편. 고마워요.

아직 듣지 못한 음악들이 산더미입니다. 오늘도 어떤 음악이 저에게 다가올지 설레는 마음을 간직하며 지금처럼 그려나갈게요. 레코드처럼 천천히, 깊게, 멋지게 굴러가 보겠습니다!

2025년 7월 28일
민지 드림

감수에 도움주신 분들

권요섭(헬카페) | 김도헌(대중음악평론가) | 김태훈(한국비틀즈팬클럽) | 문희형(신림 우드스탁)
박종명(뮤직버스) | 신현태 (공연기획자) | 염동교(대중음악평론가) | 이창현(마이크로바이닐하우스)
조아름(방송 작가, 대중음악칼럼니스트) | FRYK(프리크) | 황선업(대중음악평론가)

음악 바보 부부의 레코드 30장

Turn! Turn! Turn!

발행일   2025년 9월 1일

지은이   KATH (권민지)
발행인   최우진
편집   KATH (권민지), 왕세은
디자인   KATH (권민지)
지은이   KATH (권민지)
전체감수 신현태

발행처   그래서음악 (somusic)
출판등록 2020년 6월 11일 제 2020-000060호
주소   (본사) 경기도 성남시 분당구 정자일로 177
             (연구소) 서울시 서초구 방배4동 1426
이메일   book@somusic.co.kr

ISBN   979-11-93978-91-7 (03670)

이 책은 한국만화영상진흥원의 '2024 다양성 만화 지원사업'을 통해 제작되었습니다.